TABLE DES MATIÈRES

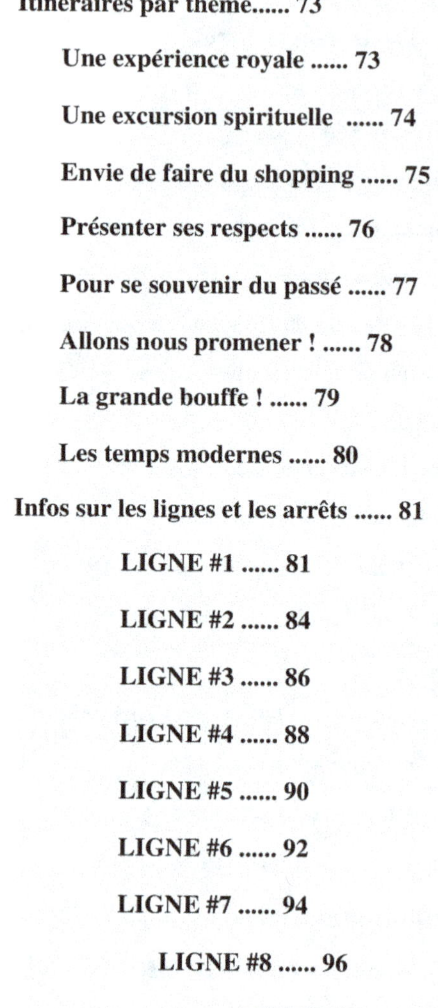

Attention : Comme la ville change et évolue constamment, les informations contenues dans ce livre, telles que l'itinéraire, le temps et le coût, peuvent être inexactes ou obsolètes. Pour cette raison, nous vous recommandons vivement de ne pas vous fier uniquement aux informations contenues dans ce livre, mais de toujours utiliser d'autres outils pour vérifier et confirmer les détails avant de vous lancer.

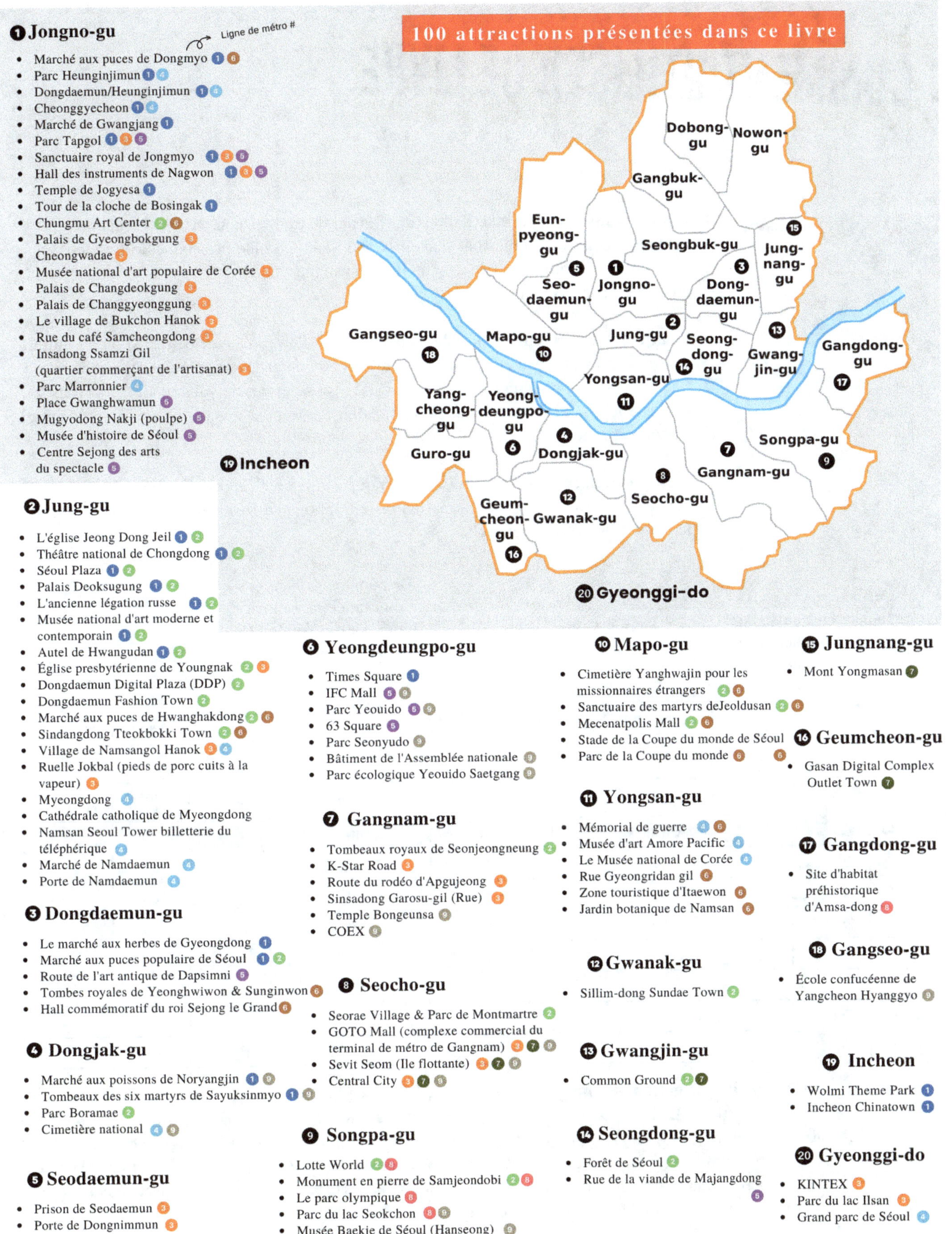

❶ Jongno-gu

Ligne de métro #

- Marché aux puces de Dongmyo ❶ ❻
- Parc Heunginjimun ❶ ❹
- Dongdaemun/Heunginjimun ❶ ❹
- Cheonggyecheon ❶ ❹
- Marché de Gwangjang ❶
- Parc Tapgol ❶ ❸ ❺
- Sanctuaire royal de Jongmyo ❶ ❸ ❺
- Hall des instruments de Nagwon ❶ ❸ ❺
- Temple de Jogyesa ❶
- Tour de la cloche de Bosingak ❶
- Chungmu Art Center ❷ ❻
- Palais de Gyeongbokgung ❸
- Cheongwadae ❸
- Musée national d'art populaire de Corée ❸
- Palais de Changdeokgung ❸
- Palais de Changgyeonggung ❸
- Le village de Bukchon Hanok ❸
- Rue du café Samcheongdong ❸
- Insadong Ssamzi Gil (quartier commerçant de l'artisanat) ❸
- Parc Marronnier ❹
- Place Gwanghwamun ❺
- Mugyodong Nakji (poulpe) ❺
- Musée d'histoire de Séoul ❺
- Centre Sejong des arts du spectacle ❺

❷ Jung-gu

- L'église Jeong Dong Jeil ❶ ❷
- Théâtre national de Chongdong ❶ ❷
- Séoul Plaza ❶ ❷
- Palais Deoksugung ❶ ❷
- L'ancienne légation russe ❶ ❷
- Musée national d'art moderne et contemporain ❶ ❷
- Autel de Hwangudan ❶ ❷
- Église presbytérienne de Youngnak ❷ ❸
- Dongdaemun Digital Plaza (DDP) ❷
- Dongdaemun Fashion Town ❷
- Marché aux puces de Hwanghakdong ❷ ❻
- Sindangdong Tteokbokki Town ❷ ❻
- Village de Namsangol Hanok ❸ ❹
- Ruelle Jokbal (pieds de porc cuits à la vapeur) ❸
- Myeongdong ❹
- Cathédrale catholique de Myeongdong
- Namsan Seoul Tower billetterie du téléphérique ❹
- Marché de Namdaemun ❹
- Porte de Namdaemun ❹

❸ Dongdaemun-gu

- Le marché aux herbes de Gyeongdong ❶
- Marché aux puces populaire de Séoul ❶ ❷
- Route de l'art antique de Dapsimni ❺
- Tombes royales de Yeonghwiwon & Sunginwon ❻
- Hall commémoratif du roi Sejong le Grand ❻

❹ Dongjak-gu

- Marché aux poissons de Noryangjin ❶ ❾
- Tombeaux des six martyrs de Sayuksinmyo ❶ ❾
- Parc Boramae ❷
- Cimetière national ❹ ❾

❺ Seodaemun-gu

- Prison de Seodaemun ❸
- Porte de Dongnimmun ❸

❻ Yeongdeungpo-gu

- Times Square ❶
- IFC Mall ❺ ❾
- Parc Yeouido ❺ ❾
- 63 Square ❺
- Parc Seonyudo ❾
- Bâtiment de l'Assemblée nationale ❾
- Parc écologique Yeouido Saetgang ❾

❼ Gangnam-gu

- Tombeaux royaux de Seonjeongneung ❷
- K-Star Road ❸
- Route du rodéo d'Apgujeong ❸
- Sinsadong Garosu-gil (Rue) ❸
- Temple Bongeunsa ❾
- COEX ❾

❽ Seocho-gu

- Seorae Village & Parc de Montmartre ❷
- GOTO Mall (complexe commercial du terminal de métro de Gangnam) ❷ ❼ ❾
- Sevit Seom (Ile flottante) ❷ ❼ ❾
- Central City ❸ ❼ ❾

❾ Songpa-gu

- Lotte World ❷ ❽
- Monument en pierre de Samjeondobi ❷ ❽
- Le parc olympique ❽
- Parc du lac Seokchon ❽ ❾
- Musée Baekje de Séoul (Hanseong) ❾

❿ Mapo-gu

- Cimetière Yanghwajin pour les missionnaires étrangers ❷ ❻
- Sanctuaire des martyrs deJeoldusan ❷ ❻
- Mecenatpolis Mall ❷ ❻
- Stade de la Coupe du monde de Séoul ❻
- Parc de la Coupe du monde ❻ ❻

⓫ Yongsan-gu

- Mémorial de guerre ❹ ❻
- Musée d'art Amore Pacific ❹
- Le Musée national de Corée ❹
- Rue Gyeongridan gil ❻
- Zone touristique d'Itaewon ❻
- Jardin botanique de Namsan ❻

⓬ Gwanak-gu

- Sillim-dong Sundae Town ❷

⓭ Gwangjin-gu

- Common Ground ❷ ❼

⓮ Seongdong-gu

- Forêt de Séoul ❷
- Rue de la viande de Majangdong ❺

⓯ Jungnang-gu

- Mont Yongmasan ❼

⓰ Geumcheon-gu

- Gasan Digital Complex Outlet Town ❼

⓱ Gangdong-gu

- Site d'habitat préhistorique d'Amsa-dong ❽

⓲ Gangseo-gu

- École confucéenne de Yangcheon Hyanggyo ❾

⓳ Incheon

- Wolmi Theme Park ❶
- Incheon Chinatown ❶

⓴ Gyeonggi-do

- KINTEX ❸
- Parc du lac Ilsan ❸
- Grand parc de Séoul ❹

COMMENT UTILISER CE LIVRE

Pourquoi vous ne devez pas voyager en Corée sans ce guide !

Que vous soyez amateur de K-pop, de films et de dramas coréens ou de cuisine coréenne, nous vous félicitons d'avoir choisi Séoul comme prochaine destination. Ici, vous pourrez profiter de l'un des meilleurs systèmes de métro au monde, qui a même été évalué par CNN et Jalopnik.

Pourquoi devriez-vous prendre le métro coréen ? La réponse évidente est qu'il s'agit du moyen le plus efficace et le plus économique de visiter les principales attractions de Séoul. Il est sûr, ponctuel et bien desservi. Il vous permet de vous rendre dans tous les coins de la ville. Le métro vous permet d'aller partout et vous donne l'occasion d'entrer en contact avec les habitants et de découvrir leur culture !

C'est précisément pour cette raison que nous avons créé ce guide unique : Vous pouvez visiter plus de 100 des meilleures attractions de Séoul en prenant simplement le métro pour vous y rendre !

Ces marqueurs vous indiquent où trouver des toilettes publiques et des casiers dans une gare !

Identifiez votre emplacement à l'aide des numéros de station !

Les noms des stations sont indiqués en anglais, en coréen et en chinois !

De nombreuses stations sont reliées à d'autres lignes, ce qui permet des correspondances gratuites*.

Vous pouvez voir la distance que vous parcourez et celle que vous avez parcourue jusqu'à présent.

🚻	🔒	#	ANG	COR	CHN	Correspondances	DISTANCE (km)	DISTANCE CUMULÉE (km)
●	●	201	City Hall	시청	市厅	1		
	●	202	Euljiro 1(il)-ga	을지로입구	乙支路入口		0.7	0.7
●	●	203	Euljiro 3(sam)-ga	을지로3가	乙支路三街	3	0.8	1.5
	●	204	Euljiro 4(sa)-ga	을지로4가	乙支路四街	5	0.6	2.1
●	●	205	Dongdaemun History & Culture Park	동대문역사문화공원	东大门历史文化公园	4 5	1	3.1
	●	206	Sindang	신당	新堂	6	0.9	4
	●	207	Sangwangsimni	상왕십리	上往十里		0.9	4.9
●	●	208	Wangsimni	왕십리	往十里	5	0.8	5.7

Faites attention aux numéros de station : N'utilisez le numéro que pour déterminer votre position ! En effet, un numéro plus petit ou plus grand qu'un autre (par exemple 302 & 803) ne signifie pas forcément que vous êtes plus à l'ouest ou plus à l'est. Chaque ligne commence à un point différent et a un chemin différent. Ne supposez pas que vous devez voyager dans l'ordre croissant ou décroissant des numéros de station, et vérifiez sur la carte où se trouve chaque station avant de commencer un voyage.

*Pour en savoir plus sur les correspondances gratuites, voir page 83

Dongdaemun/Heunginjimun
동대문/흥인지문

Jongno-gu Jong-ro 288
서울 종로구 종로 288

Dongdaemun (qui signifie "la porte de l'Est" et est officiellement appelée porte Heunginjimun) est la porte orientale de Séoul, la capitale de l'époque, construite en 1398. La porte actuelle a été reconstruite en 1869. À cette époque, quatre portes et quatre tours ont été construites dans la forteresse de Séoul. La porte Heunginjimun est, avec la porte Sungnyemun, la plus grande porte de Séoul. Elle comporte un corps de garde qui abritait les gardes et servait également de poste de commandement pour les militaires en cas d'urgence. A l'extérieur de la maison de la porte, des murs de briques et des fenêtres en bois aidaient à repousser l'ennemi. La porterie de la porte Heunginjimun reflète les caractéristiques des bâtiments du XIXe siècle, avec une structure générale simple mais de nombreuses décorations. De plus, une forteresse en forme de demi-lune a été placée devant pour repousser les ennemis. La nuit, les lumières sont allumées et offrent un spectacle différent de celui de la journée.

Cheonggyecheon
청계천

Jongno-gu Changsin-dong
서울 종로구 창신동

Avant le projet de restauration de 2005, il n'était qu'une voie d'eau abandonnée. Aujourd'hui, c'est une zone de loisirs publique de 10,9 km au cœur de Séoul, qui fait valoir sa beauté naturelle au milieu de la vie trépidante de la ville. Parmi les 20 ponts qu'il compte, Narae et Gwanggyo symbolisent l'harmonie du passé et du futur. Il passe à proximité du palais Deoksugung, de la rue Insa-dong, du palais Changdeokgung et du palais Changgyeonggung. C'est un bel endroit pour une agréable promenade, une amusante sortie en famille ou un rendez-vous romantique. On y trouve de nombreux buissons et espaces verts.

Marché de Gwangjang
광장시장

Jongno-gu Changgyeonggung-ro 88
서울 종로구 창경궁로 88

C'est l'un des marchés traditionnels les plus animés de Séoul et il est facile d'accès pour les voyageurs, car il se trouve au centre de la ville. Ce marché traditionnel, qui a une longue histoire, a été créé au début du 20ème siècle et propose divers articles tels que des vêtements et des produits alimentaires. Le marché alimentaire est particulièrement réputé. Outre le gimbap, vous pourrez y déguster différentes crêpes, tteokbokki et beignets de poisson, fabriqués sur place à des prix raisonnables. Si vous vous intéressez aux vêtements, ne manquez pas de faire un tour à la boutique Hanbok, où vous trouverez des vêtements traditionnels colorés et une boutique de vêtements vintage au deuxième étage.

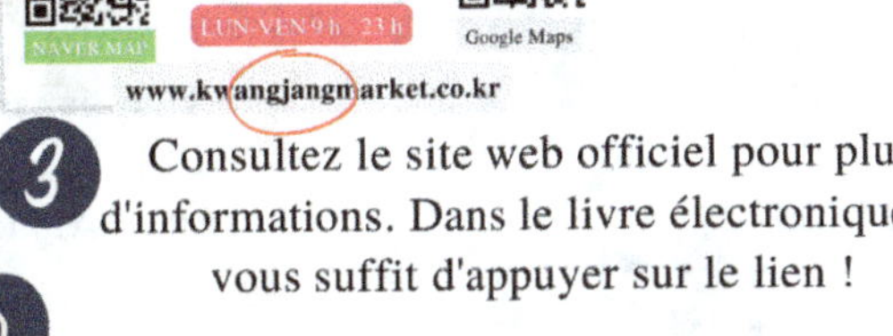

1 Renseignez-vous de manière générale sur les lieux, l'itinéraire à suivre la durée du trajet et les heures d'ouverture.

3 Consultez le site web officiel pour plus d'informations. Dans le livre électronique, il vous suffit d'appuyer sur le lien !

2 3) Scannez dans le livre de poche avec votre smartphone le code QR et la carte NAVER MAP ou GOOGLE MAPS s'ouvrira, avec le lieu comme destination par défaut. Vous n'avez plus qu'à suivre l'itinéraire !

Les faits sur le métro de Séoul

Il s'agit du plus long système de métro multi-opérateurs au monde en termes de longueur de ligne.

Classé par CNN et Jalopnik comme l'un des meilleurs systèmes de métro au monde.

La 4G LTE, le WLAN, le DMB et le WiBro sont disponibles dans toutes les stations et dans toutes les rames.

Toutes les stations sont équipées de portes de sécurité sur les quais afin d'améliorer la sécurité des passagers.

Toutes les lignes sont équipées du système de paiement intelligent T-Money, qui utilise la technologie RFID et NFC pour un paiement automatique pratique et rapide.

Les correspondances avec d'autres lignes au sein du système sont gratuites.

Des écrans LCD en couleur affichent l'heure d'arrivée des trains en temps réel.

Tous les arrêts sont annoncés en coréen et en anglais. Certains arrêts importants sont même annoncés en japonais et en mandarin.

Les arrêts sont annoncés par une musique traditionnelle coréenne cool, le *gugak*.

* Le trajet total doit être inférieur à 10 km et payé avec une carte T-Money.
* Vous pouvez effectuer jusqu'à 4 transferts.
* Le transfert doit être effectué dans les 30 minutes suivant l'utilisation de la carte T-Money (de 21h00 à 7h00, le délai est porté à 1 heure).

LE MÉTRO DE SEOUL
Infos, Etikette Und Tipps

COMMENT RECONNAÎTRE LES STATIONS DE MÉTRO

- Des escaliers couverts sur les trottoirs des rues,
- Les stations portent le nom du quartier (par exemple Gangnam, Myeongdong) ou de sites touristiques proches (par exemple Seoul Plaza).

Chaque station de métro a plusieurs sorties, identifiées par des numéros.

Si vous rencontrez quelqu'un, ces numéros de sortie sont un moyen pratique de décider où vous allez vous rencontrer.

Certaines places sont réservées aux personnes âgées, aux femmes enceintes et aux personnes handicapées.

Même si ce n'est pas une obligation légale, c'est une question de courtoisie que d'offrir votre siège à ceux qui pourraient en avoir plus besoin (par exemple, les personnes âgées, les personnes portant de lourdes charges).

Évitez de parler fort ou de mettre de la musique dans le train.

Même si ce n'est pas interdit, il est préférable de prendre votre repas en dehors du train.

VÉLOS

Pliant   Ordinaire

Ligne 1-8
Pliant : toujours
Ordinaire : week-end/jours fériés

Ligne 9
Pliant : En permanence
Ordinaire : Jamais

*Autorisé sur la ligne 7 en semaine de 10h00 à 16h00

RUSH HOUR
6h00-9h00 heures / 16h30-19h00 heures

Les stations avec plusieurs quais de correspondance sont les plus fréquentées, comme par exemple l'EXPRESS BUS TERMINAL / GANGNAM / SEOUL STATION.

HEURES D'OUVERTURE
5h30-1h00 / minuit (SA/DIM/JOURS FERIES)

Certaines lignes ferment plus tôt. Renseignez-vous sur les horaires des différentes lignes avant de planifier votre voyage.

Single Journey (Billet simple)

- Uniquement pour un aller simple (non rechargeable).
- Vous ne pouvez acheter qu'une seule carte à la fois.
- Une caution de 500 KRW est remboursée après utilisation.
- La correspondance gratuite n'est pas possible dans certaines stations. (Gare de Séoul ligne 1, 4 <---> Ligne Gyeongui-Jungang)

Peut être acheté dans un kiosque dans chaque station de métro.
> Idéal si vous ne devez faire qu'un seul trajet.

Comment acheter Single Journey (Billet simple)

Trouvez un "Ticket Vending and Card Reload Device" dans une gare et rechargez votre carte.

Choisissez votre langue et sélectionnez "Single Journey".

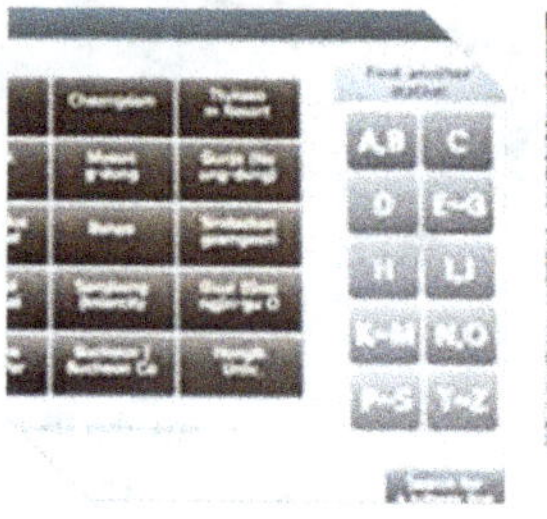
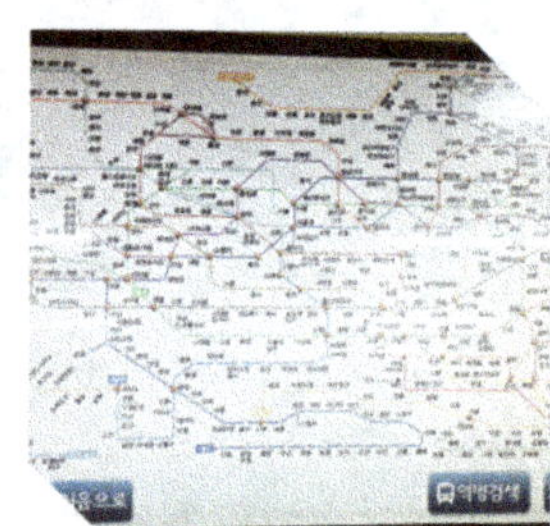

Sélectionnez votre destination.

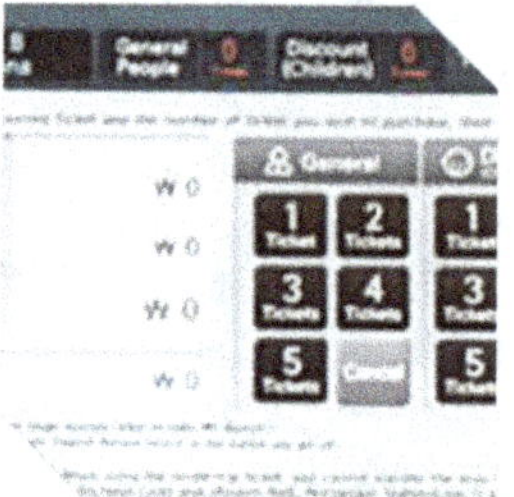

Saisissez le nombre de billets dont vous avez besoin et introduisez de l'argent.

Retire le(s) billet(s) de la machine.

Pour les billets simples, vous pouvez vous faire rembourser la caution dès que vous avez terminé votre aller simple.

Comment récupérer la caution

Il suffit de trouver un "appareil de remboursement de consigne" dans une station et de suivre les instructions pour obtenir vos 500 KRW.

Carte T-Money

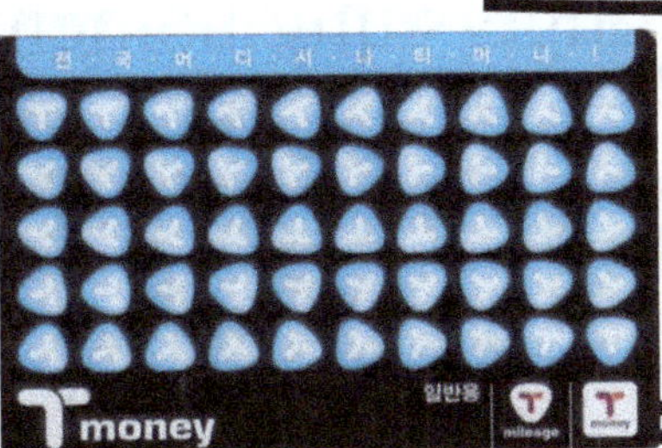

- Réutilisable (rechargeable).
- gratuites (4 fois maximum si moins de 10 km, dans un délai de 30 minute / jusqu'à 1 heure entre 21h00 et 7h00).
- Les réductions sont également valables en combinaison avec des trajets en bus (à l'exception des bus qui circulent sur le même trajet).
- Le montant restant est remboursable.

Doit être acheté dans un point de vente affichant le logo T-Money à un distributeur automatique (lignes 1-4) ou au centre d'information dans une station (lignes 5-8) (la carte la moins chère coûte 3 000 KRW).

> Idéal si vous prévoyez de faire de nombreux trajets en métro.

Les kiosques d'une station ne vendent pas les cartes.
ILS NE PROPOSENT QUE DES SERVICES DE RECHARGE.

Vous pouvez faire recharger votre carte à l'un des endroits mentionnés ci-dessus ou à un kiosque dans une station.

Chargement/rechargement de votre carte

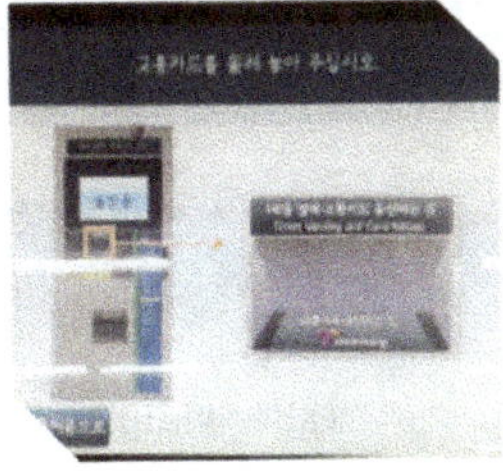

Choisissez l'option T-Money (à l'extrême droite).

Placez votre carte T-Money dans le slot.

Choisissez le montant que vous souhaitez recharger.

Comment obtenir un remboursement

	Dans les magasins mentionnés ci-dessus	Dans les centres de remboursement T-Money des lignes de métro 1 à 9	Au distributeur automatique de billets d'une banque (Shinhan, Hana, Woori, Jeju, Nonghyup, Shinhyup et Post Office).
S'il reste moins de 20 000 KRW :		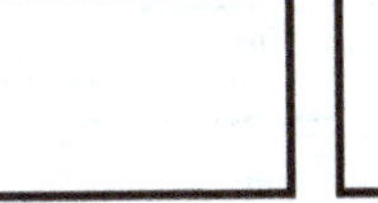	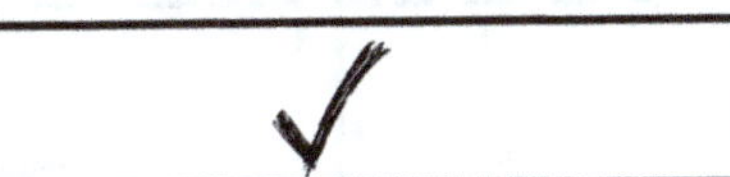
S'il reste plus de 20 000 KRW, mais moins de 50 000 KRW :			
S'il reste plus de 50 000 KRW :			

M-Pass (pour les étrangers uniquement)

- Permet un maximum de 20 voyages par jour.
- Disponible en 1/2/3/5/7 passes journaliers.
- Expire à minuit le dernier jour.
- Peut également être utilisée comme carte T-Money après avoir été chargée d'argent.
- Caution de 4 500 KRW (remboursable) et 500 KRW (non remboursable) Frais de service.

> Idéal si votre voyage comprend au maximum un changement de train, car il n'y a pas de réduction pour cela.
>Offre une économie considérable sur les trajets d'une seule ligne.
>Tous les trajets achetés doivent être utilisés avant la fin de la période de validité.

NE PEUT ÊTRE ACHETÉ QUE DANS CERTAINS POINTS DE VENTE.

Aéroport d'Incheon Terminal 1
@ @ Informations sur l'aéroport

Porte n° 5/10
Arrivée au 1er étage
07h00-22h00

**Gare de Séoul
(T-money Town)**

Seoul City Tower 1st Fl.
@ sortie n°10 de la gare de Séoul
09h00-18h00
(fermé les week-ends et jours fériés)

Myeongdong

Centre d'information touristique de Myeongdong @ sortie n°5 de la station Euljiro
09h00-20h00

Utilisation de la carte

Il y a un lecteur de carte à chaque tourniquet de sécurité.

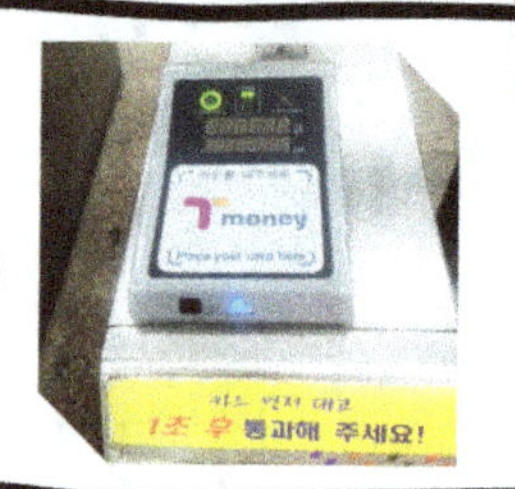

1. Placez votre carte (aller simple, T-Money, M-Pass).
2. Vous entendrez un bip et le lecteur affichera le montant prélevé et le crédit restant.
3. Passez la barrière et profitez de votre trajet !

Tarifs du métro

pour les informations tarifaires les plus récentes, consultez t-money.co.kr

	Single Journey	Carte T-Money	M-Pass (uniquement pour les étrangers)
		Jusqu'à 10 km : 1.050 KRW	Jour / Prix / Prix discount après 17h
Adulte	100 KRW ajoutés sur le tarif T-Money	De 10 à 40 km : 100 KRW supplémentaires par 5 km	
		Plus de 40 km : 100 KRW supplémentaires par 10 km	Pass 1 jour / 15.000 / 0 KRW Pass 2 jours / 23.000 / 20.000 KRW Pass 3 jours / 30,500 / 27,500 KRW Pass 5 jours / 47,500 / 44,500 KRW Pass 7 jours / 64,500 / 61,500 KRW
Jeunesse (13-18)	Pas de réduction (tarif aller Single Journey)	Frais minimum : 720 KRW	
Enfants (6-12)	Frais minimum : 500 KRW	Frais minimum : 450 KRW	

SUBWAY KOREA

Propose le dernier plan de métro de Séoul, et toutes les cartes de métro offrent des informations en temps réel sur le transit, les horaires et les correspondances, ainsi qu'un calculateur d'itinéraire optimal.

KOREA SUBWAY INFO : METROID

Fournit des informations importantes telles que les horaires, un calculateur d'itinéraire optimal et des informations sur les stations.

NAVER MAP

Des indications de changement de direction aux horaires de train en passant par les toilettes à proximité, cette application vous offre tout ce dont vous avez besoin pour vous orienter en Corée.

GOOGLE MAPS

Cette application de navigation globale offre des fonctionnalités similaires à celles de NAVER MAP, mais elle ne fournit pas actuellement d'indications pour se rendre à pied en Corée (cela pourrait changer à l'avenir). Elle propose cependant des indications pour se rendre au métro et une liste de lieux à proximité dans les langues non prises en charge par NAVER MAP. Nous vous recommandons d'utiliser cette application en complément de NAVER MAP plutôt que comme alternative.

PAPAGO

Cette application basée sur l'IA offre d'excellentes traductions, en particulier en coréen. Un must absolu si vous voyagez en Corée.

1330 Travel Hot Line

+82-2-1330 (coréen, anglais, japonais, chinois)

* En Corée, composez le **02-1330**. Des agents amicaux répondront à vos questions !

COMMENT UTILISER LES APPLICATIONS

1

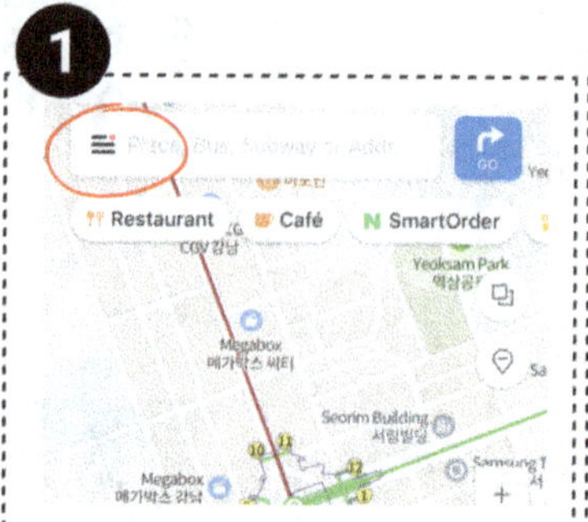

Ouvrez l'application et localisez l'icône Settings dans le coin supérieur gauche.

2

Allez dans Settings en bas du menu.

3

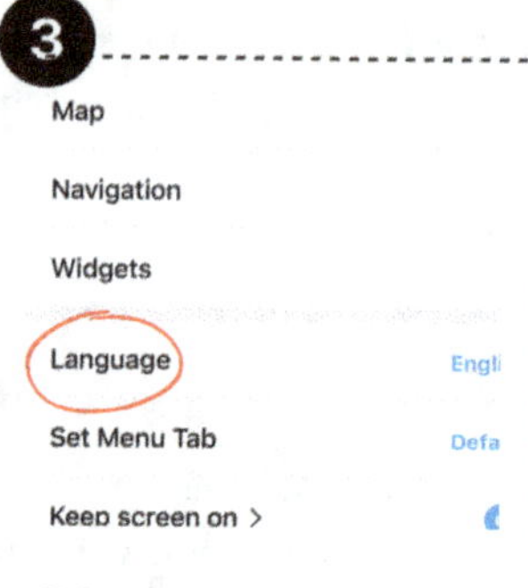

Sélectionnez la langue.

4

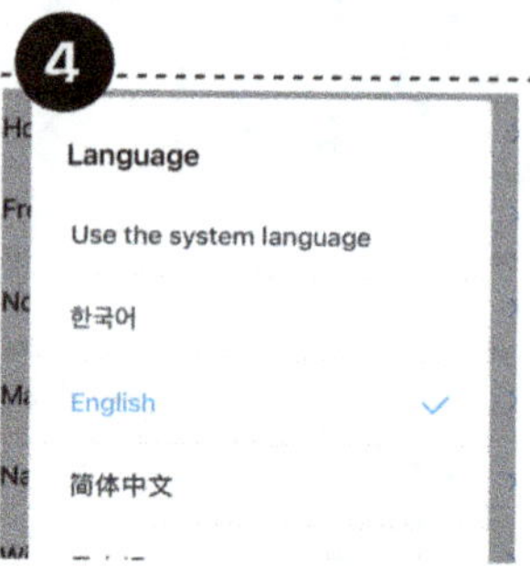

Faites votre choix parmi les options disponibles.

1

Cherchez le code QR "NAVER MAP" au bas de chaque section.

2

Dans le livre électronique, vous pouvez appuyer sur le code QR. Dans le livre de poche, vous pouvez scanner le code QR avec votre smartphone.

3

NAVER MAP s'ouvre alors avec le lieu prédéfini comme destination.

4

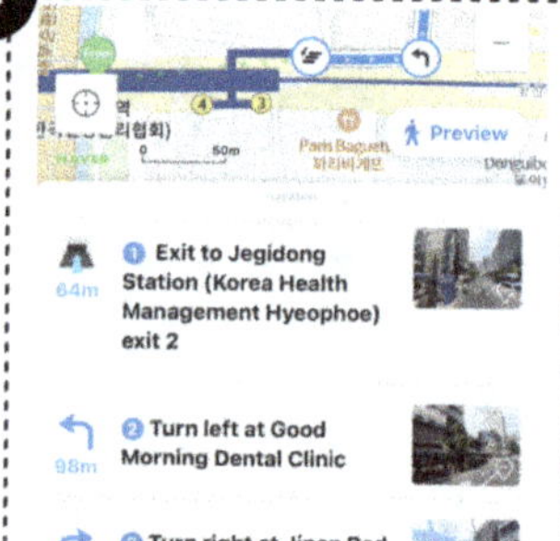

Trouvez votre position et suivez les instructions.

OR

GOOGLE MAPS

Cherchez le code QR "GOOGLE MAPS" au bas de chaque section.

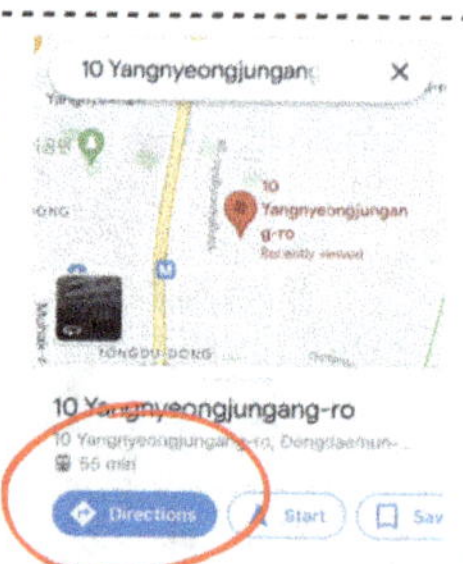

GOOGLE MAPS s'ouvre et le lieu est présélectionné comme destination. Sélectionnez l'option "Itinéraire".

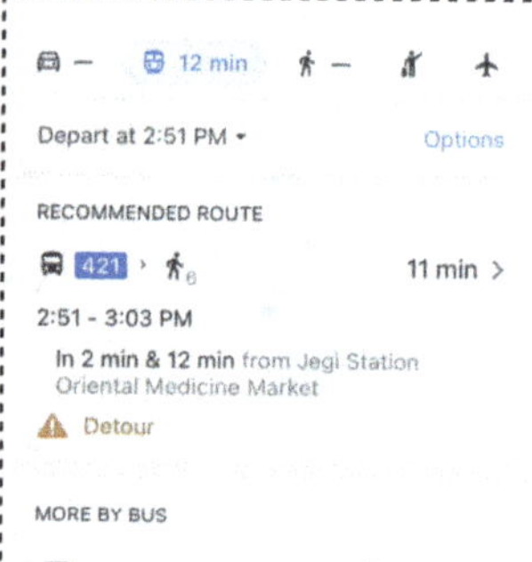

Trouvez votre emplacement et suivez les instructions du métro.

NAVER MAP
Ouvrez l'application et recherchez le champ de recherche en haut.
gwanghwamun station
My location   Choose on map
hongikuniv.station
GangNamStation
GasStation
광화문역 5호선   지하철,전철
서울특별시 종로구 세종대로 172   8km
q w e r t y u i o p
a s d f g h j k l
z x c v b n m
123   space   search
Saisissez l'adresse et appuyez sur Rechercher.
gwanghwamun station
Places   Stops
On the map   Relevance
Gwanghwamun Station Line No. 5
8km   Metropolitan Line 5
172 Sejong-daero Jongno-gu Seoul
02-6311-5331
9 entrance(s)
National Museum of Modern and Contemporary Art, Korea Seoul
Museum of Modern and Contemporary
서울특별시 종로구 삼청로 30
02-3701-9500
Sélectionnez le lieu auquel les informations correspondent exactement.
Four Seasons Hotel Seoul
Gwanghwamun Rice Soup
Gwanghwamun Station...   Seoul   Real
Banghwa   2min   Macheon   3min
Banghwa   8min   Hanam Geom   min
From   To
Définissez-le comme point de départ ou d'arrivée.
3min   4min
Fastest 4min
Easy 6min
Best Fastest
4min
900m   452steps
Crosswalk 1, Underp...
Easy
6min
381m   595steps
Crosswalk 1, Underp...
Preview
Sélectionnez le lieu auquel les informations correspondent exactement.
L'application GOOGLE MAPS fonctionne presque de la même manière.
* Vous pouvez saisir le nom de l'entreprise/du lieu dans le champ de recherche, mais il se peut qu'il y ait plus d'un lieu avec le même nom. Assurez-vous qu'ils correspondent !

COMMENT TROUVER DES TOILETTES PUBLIQUES

Chaque station de métro à Séoul dispose de toilettes publiques, accessibles à tous et gratuites. Vous pouvez donc simplement marcher jusqu'à la station de métro la plus proche de chez vous, mais voici le hic : il se peut que les toilettes se trouvent après ou même avant la billetterie, c'est-à-dire que si vous êtes déjà dans une rame, il est préférable de trouver des toilettes après la billetterie. Ainsi, vous n'aurez pas à "quitter" la station pour aller aux toilettes et payer à nouveau pour y retourner.

Vous pouvez aussi simplement vous rendre à la billetterie (tourniquet) et demander à l'employé en service d'ouvrir la porte latérale pour accéder aux toilettes. Lorsque vous revenez, vous devez demander à la personne de vous laisser entrer à nouveau. Si personne n'est de service, il devrait y avoir un bouton pour l'interphone. Si vous appuyez sur le bouton et demandez la même chose, vous pouvez entrer et sortir sans problème sans avoir à "quitter" la station.

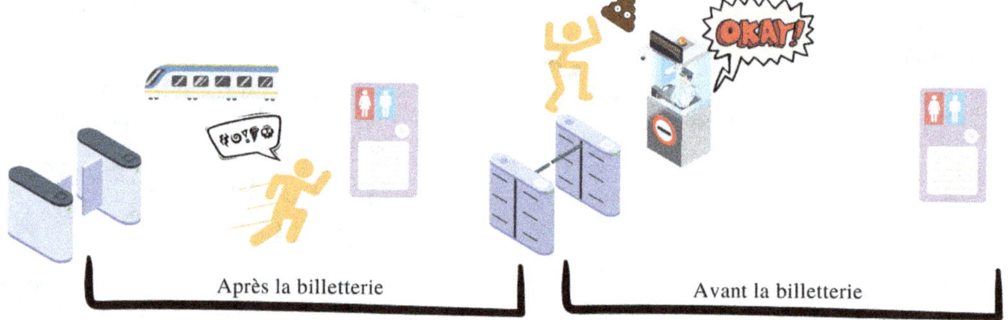

Dans la liste des stations de métro à la page 123, nous avons marqué toutes les stations avec des toilettes publiques APRÈS la billetterie afin que vous puissiez y accéder rapidement sans devoir passer par la billetterie et revenir !

🚻	🔒	#	ANG	COR	CHN	Correspondances	DISTANCE (km)	DISTANCE CUMULÉE (km)
		131	Jonggak	종각	钟阁		0.8	48.6
●		132	City Hall	시청	市厅	2	1	49.6
		133	Seoul Station	서울역	首尔(站)	4	1.1	50.7
●		134	Namyeong	남영	南营		1.7	52.4
●		135	Yongsan	용산	龙山		1.5	53.9

1

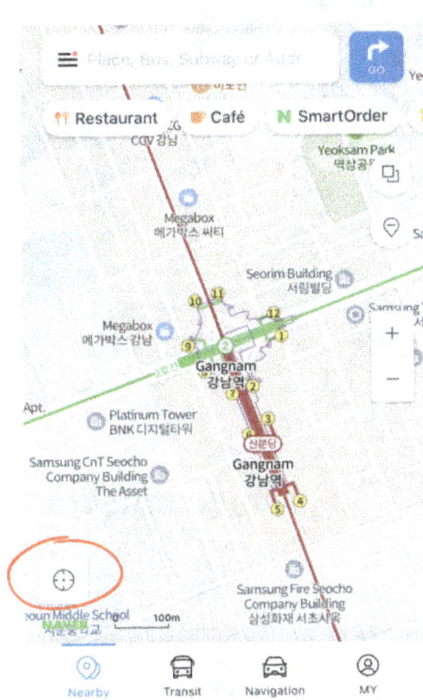

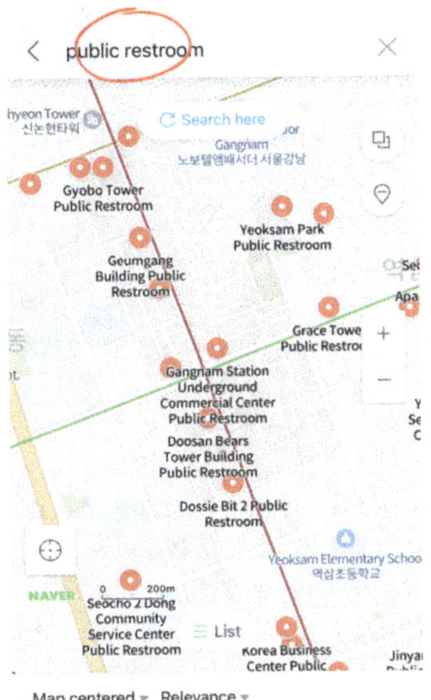

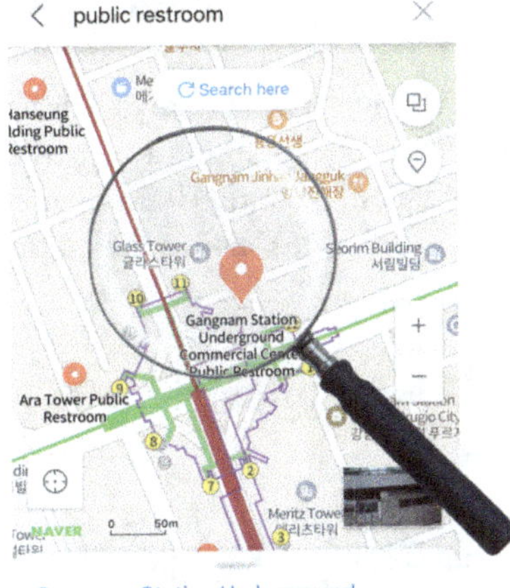

Ouvrez NAVER MAP et touchez l'icône de position pour trouver votre emplacement actuel.

Saisissez "public restroom" ou "화장실" dans le champ de recherche.

Zoomez pour trouver les toilettes les plus proches de vous.

2

Cafés & fast-foods

Peu fiables - certains sont réservés aux clients

3

Stations-service

Doivent disposer de toilettes publiques)

4

Grands magasins

5

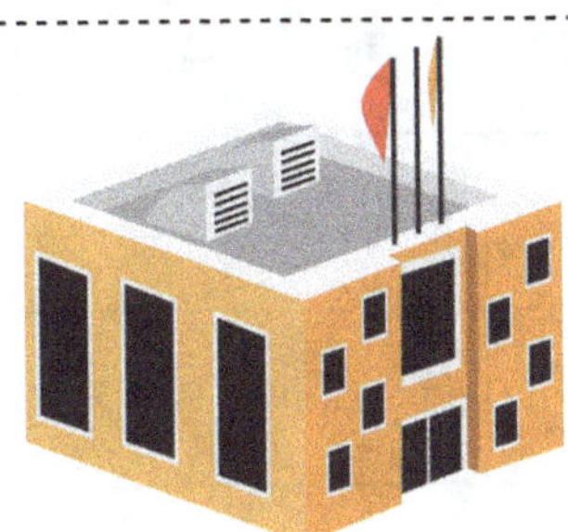

Bureaux publics & universités

Hôtel de ville, bureau de district, universités, etc.

Consignes publiques dans les stations de métro

Que sont-elles ?

L'une des misères d'un voyageur est de devoir trimballer beaucoup de bagages ! Pour les voyageurs du métro comme vous, c'est encore pire. Heureusement, il existe des casiers dans les stations de métro coréennes.

Faits importants

- Il n'est pas possible de payer en espèces - seulement par carte/T-Money !
- Certaines stations ne proposent pas ce service. Consultez la liste.
- La durée maximale est de cinq jours. Les articles qui restent plus de cinq jours sont transférés à un autre endroit. Si vous avez besoin de plus de cinq jours, appelez le service client à l'avance au 1877-1265.
- Heures d'ouverture : 7h00 à 1h00 (le lendemain) / 7h00 à minuit (dimanche/jours fériés).

Objets interdits

Aliments   objets de valeur

animaux, plantes, armes, drogues

Consultez la liste.

👫	🔒	#	ANG	COR	CHN
●		810	Amsa	암사	岩寺
		811	Cheonho(Pungnaptoseong)	천호(풍납토성)	千户(风纳土城)
●		812	Gangdong-gu Office	강동구청	江东区厅

Prix

Taille (cm) (L x P x H)	4 h.	de 4 à 12 h.	plus de 12 h.	1 jour	à long terme (1 mois)
S (500 x 300 x 600)	2.000 KRW	500 KRW/h.	toutes les 12 h. 2.000 KRW	8.000 KRW	50.000 KRW
M (500 x 450 x 650)	3.000 KRW	800 KRW/h.	toutes les 12 h. 3.000 KRW	12,400 KRW	80.000 KRW
L (500 x 900 x 600)	4.000 KRW	1.000 KRW/h.	toutes les12 h. 4.000 KRW	16.000 KRW	100.000 KRW

APPRENEZ À CONNAÎTRE LA MONNAIE CORÉENNE

Papier-monnaie

Le plus gros billet est de 50 000 오만원 (o-man-won), ce qui équivaut à environ 35 EUR,
suivi de 10 000 만원 (man-won), soit environ 7 EUR,
5.000 오천원 (o-cheon-won), environ 3.5 EUR,
et 1 000 천원 (cheon-won), environ .7 EUR.

Pièces de monnaie

La plus grande pièce est 500 오백원 (o-baek-won), environ 35 cents EUR,
suivi de 100 오백원 (baek-won), environ 7 cents EUR,
50 오십원 (o-ship-won), environ 3.5 cents EUR,
et 10 십원 (ship-won), environ .7 cent EUR.
Il existe des pièces de 5 et 1 won, mais elles ne sont presque plus utilisées aujourd'hui.

Les principales cartes de crédit (VISA/MC/AMEX) sont acceptées presque partout en Corée.

Puis-je utiliser Samsung Galaxy Pay / Apple Pay ?

Depuis 2022, Samsung Galaxy Pay est largement accepté en Corée, mais Apple Pay n'est pas encore arrivé en Corée. Cependant, il y a des rumeurs selon lesquelles Apple Pay sera également disponible dans un avenir proche. Restez donc informé des mises à jour !

Utiliser un distributeur automatique de billets en Corée

Vous POUVEZ utiliser votre carte de débit émise dans votre pays d'origine pour retirer de l'argent à un distributeur automatique de billets en Corée. Cherchez le signe "Global ATM" sur un distributeur automatique de billets. Vous pouvez également utiliser les liens ci-dessous pour trouver un distributeur automatique de billets près de chez vous. (Même si c'est en coréen, tapez simplement une adresse en anglais et vous obtiendrez les détails en anglais également).

www.mastercard.co.kr/ko-kr/personal/get-support/find-nearest-atm.html

www.visa.com/atmlocator/

www.unionpayintl.com/cardholderServ/serviceCenter/atm?language=en

CARTE DU MÉTRO DE SEOUL

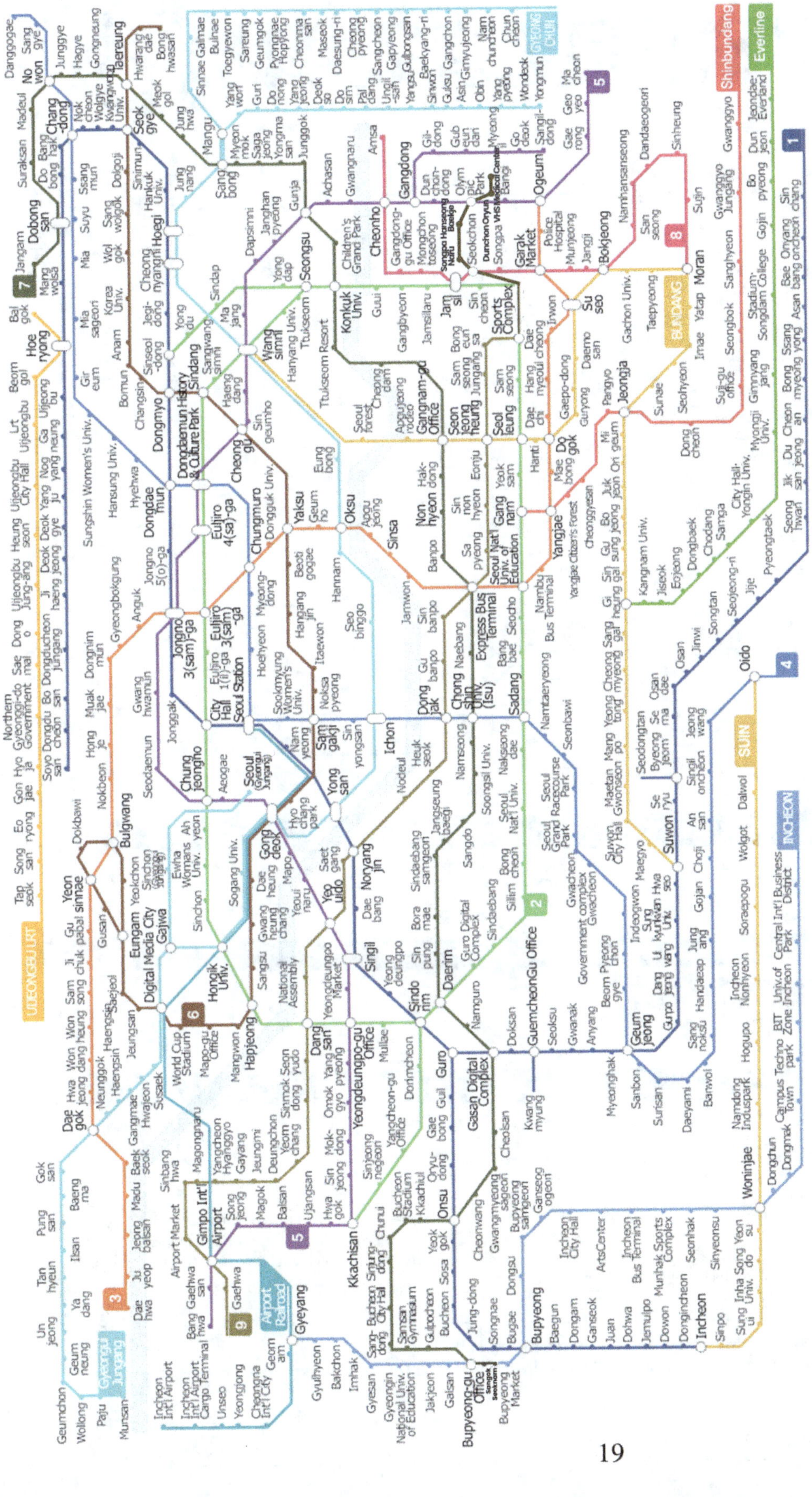

La carte montre également d'autres lignes qui entrent et sortent de Séoul, comme le Bundang, le Shinbundang, le Gyeongchun, l'Everline, etc. Ce livre ne traite que des lignes 1 à 9.

Il s'agit du plan complet du système de métro de Séoul. Cependant, comme vous pouvez le constater, il y a trop de détails pour les présenter tous sur cette page ! Nous vous suggérons de prendre cette page comme un guide rapide et d'utiliser les applications que nous avons présentées dans les sections précédentes afin d'avoir une expérience de voyage optimale !

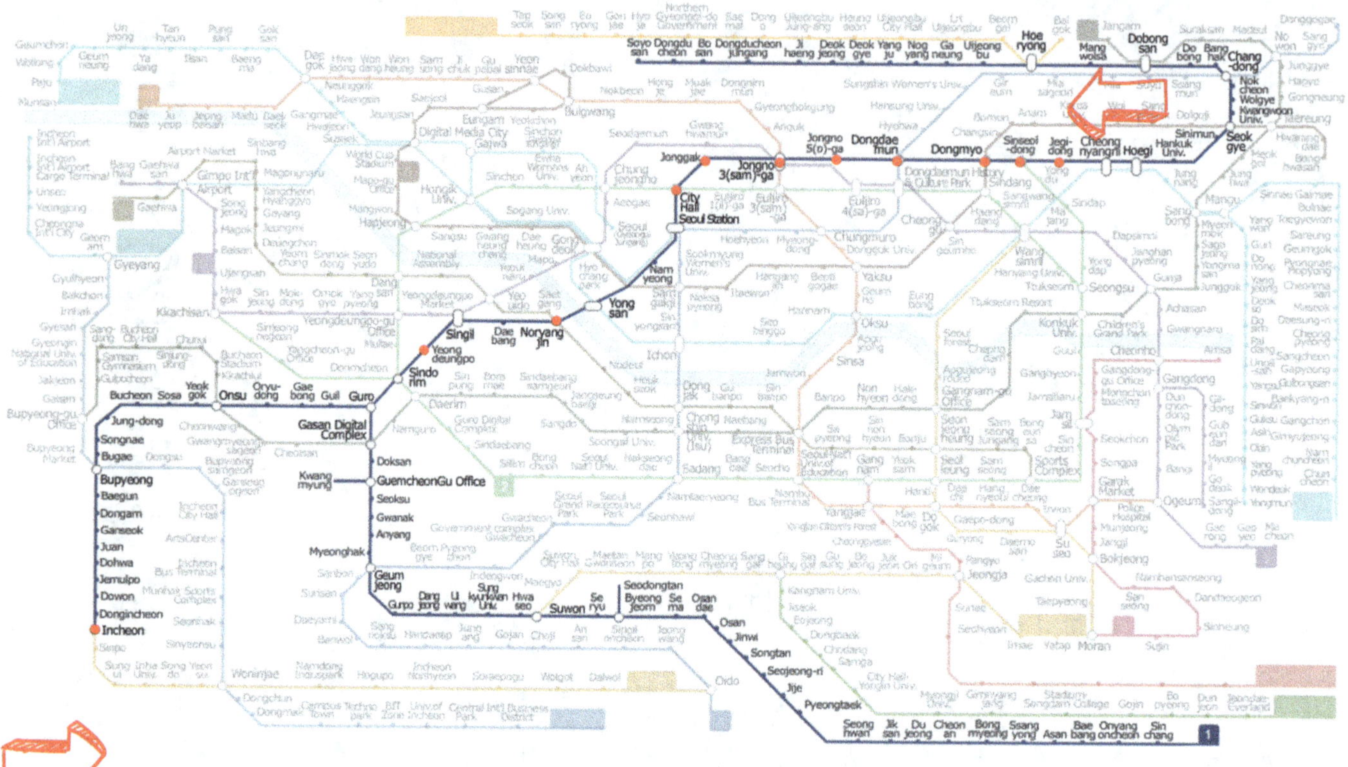

(125) JEGIDONG 제기동	(126)=(211-4) SINSEOLDONG 신설동	(127)=(637) DONGMYO 동묘앞역	(128)=(421) DONGDAEMUN 동대문
• Le marché aux herbes de Gyeongdong 경동시장	Marché aux puces populaire de Séoul 서울풍물시장	• Marché aux puces de Dongmyo 동묘 벼룩시장	• Parc Heunginjimun 흥인지문 공원 • Dongdaemun/Heunginjimun동대문/흥인지문 • Cheonggyecheon 청계천

(129) JONGNO-5(O)-GA 종로5가	(130)=(329)=(534) JONGNO 3(SAM)-GA 종로 3가	(131) JONGGAK 종각
• Marché de Gwangjang 광장시장	• Parc Tapgol 탑골공원 • Sanctuaire royal de Jongmyo 종묘 • Hall des instruments de Nagwon 낙원악기상가	• Temple de Jogyesa 조계사 • Tour de la cloche de Bosingak 보신각

(132)=(201) CITY HALL 시청	(136)=(917) NORYANGJIN 노량진	(139) YEONGDEUNGPO 영등포	(161) INCHEON 인천
• L'église Jeong Dong Jeil 정동제일교회 • Théâtre national de Chongdong 정동극장 • Séoul Plaza 서울광장 • Palais Deoksugung 덕수궁 • L'ancienne légation russe 구 러시아 공사관 • Musée national d'art moderne et contemporain 국립현대미술관 • Autel de Hwangudan 환구단	• Marché aux poissons de Noryangjin 노량진 수산시장 • Tombeaux des six martyrs de Sayuksinmyo 사육신묘	• Times Square 타임스퀘어	• Wolmi Theme Park 월미 테마파크 • Incheon Chinatown 차이나타운

Faites attention aux numéros de station : N'utilisez le numéro que pour déterminer votre position ! En effet, un numéro plus petit ou plus grand qu'un autre (par exemple 302 & 803) ne signifie pas forcément que vous êtes plus à l'ouest ou plus à l'est. Chaque ligne commence à un point différent et a un chemin différent. Ne supposez pas que vous devez voyager dans l'ordre croissant ou décroissant des numéros de station, et vérifiez sur la carte où se trouve chaque station avant de commencer un voyage.

- Ligne de métro la plus ancienne du système de métro de Séoul (ouverte le 15 août 1974).
- Couvre une grande partie de la zone de la capitale de Séoul. La ligne se divise à la station Guro : à l'ouest vers Incheon et au sud vers Byeongjeom et Cheonan.
- Nombre de stations: 98
- Terminus : Soyosan / Incheon / Sinchang / Gwangmyeong / Seodongtan.

(125) JEGIDONG 제기동

Le marché aux herbes de Gyeongdong 경동시장

Dongdaemun-gu Yangnyeong jungang-ro 10
서울 동대문구 약령중앙로 10

Peu après la guerre de Corée, des agriculteurs de différentes régions de Corée du Sud se sont rassemblés pour vendre leurs produits et ont créé ce marché dédié aux ingrédients de la médecine coréenne, aux fruits de mer séchés et aux légumes. En novembre 1982, un nouveau bâtiment a été construit et le plus grand marché de ginseng de Corée y a ouvert ses portes. Il est également spécialisé dans la médecine orientale. Aujourd'hui, il est très connu en tant qu'attraction touristique. Ces dernières années, il y a eu autant de clients qu'au marché aux poissons de Noryangjin, et des magasins de vêtements (2e étage du nouveau bâtiment) et des fleuristes (3e étage du nouveau bâtiment) ont également ouvert.

6 min à pied, 192m de la SORTIE #2

LUN-VEN 9h00-18h00

(126)=(211-4) SINSEOLDONG 신설동

Marché aux puces populaire de Séoul 서울풍물시장

Dongdaemun-gu Cheonho-daero 4-gil 21
서울 동대문구 천호대로 4길 21

Le marché de Pungmul de Séoul a perdu son emplacement lorsque le projet de restauration du ruisseau Cheonggyecheon a été mis en place, et a donc déménagé en 2008. Le marché vend des articles ménagers, des souvenirs touristiques, des produits locaux et de la nourriture populaire. Le bâtiment de deux étages est rempli d'objets et de nourriture qui permettent de recréer la vie simple de la population coréenne d'autrefois. Le marché Pungmul de Séoul est divisé en sept couleurs et propose des aliments, des spécialités locales, des reliefs, des meubles traditionnels, des objets anciens, des accessoires de mode, des vêtements, de la calligraphie et du papier coréen. Contrairement à Insa-dong, on n'y trouve pas de produits chers, et c'est aussi un lieu de visite très apprécié des touristes étrangers, car il est situé près du ruisseau Cheonggyecheon.

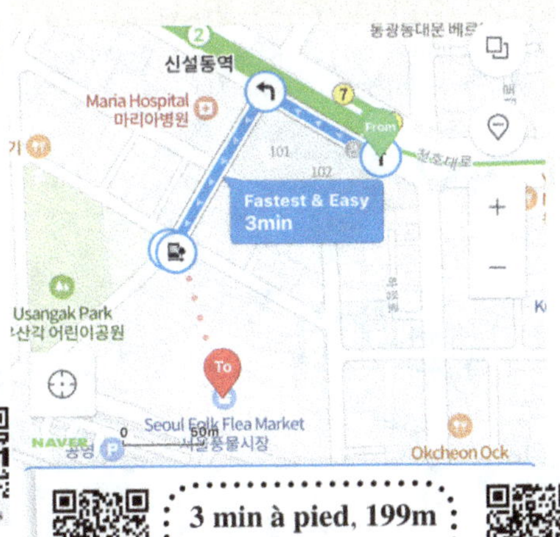

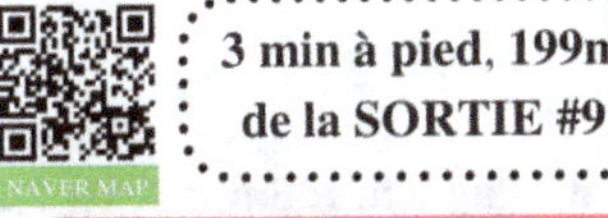

3 min à pied, 199m de la SORTIE #9

TOUS LES JOURS DE 10H00 À 19H00
MARDI FERMÉ

www.pungmul.or.kr

(127)=(637) DONGMYO 동묘앞역

Marché aux puces de Dongmyo 동묘 벼룩시장

Jongno-gu Sungin-dong 102-8
서울 종로구 숭인동 102-8

Le marché aux puces de Dongmyo a été créé à la fin des années 1980 et sa taille a considérablement diminué par rapport à sa réputation, mais il reste une attraction populaire où toutes sortes d'objets rares sont rassemblés. Les articles proposés vont des vêtements, chaussures et portefeuilles aux montres et appareils électroniques, et même aux livres anciens et aux affiches de films. Les articles les plus populaires sont les vêtements d'occasion. Les commerçants prennent généralement sous contrat les vêtements collectés chaque année dans les boîtes de recyclage des complexes résidentiels et les achètent entre 250 et 300 wons le kilogramme. La plupart des vêtements coûtent 1.000 wons, mais les fourrures et le cuir sont à 10.000 wons et les articles de luxe à 100.000 wons. Le bouche à oreille faisant son œuvre, les personnes économes visitent les provinces et les opérateurs de centres commerciaux sur Internet effectuent de gros achats. Le meilleur moment pour faire ses achats est généralement l'après-midi d'un jour férié, lorsque plus de 250 vendeurs de rue proposent leurs produits.

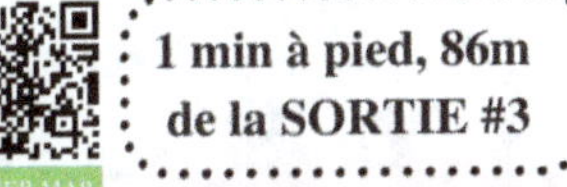

1 min à pied, 86m de la SORTIE #3

LUN-VEN 14h00 - 20h00
SAM 8h00 - 19h00
DIM 10h00 - 21h00

Parc Heunginjimun
흥인지문 공원

Jongno-gu Jong-ro 6-ga 70
서울 종로구 종로6가 70

Le parc Heunginjimun a été aménagé en parc après la démolition de l'hôpital Dongdaemun de l'université Ewha Womans et des zones adjacentes. Le Hanyangdoseong (mur d'enceinte de la ville de Séoul), construit en 1396 sous la dynastie Joseon pour protéger la capitale Hanyang (l'actuelle Séoul) des envahisseurs, est le plus long mur d'enceinte existant au monde, avec une hauteur de 8 mètres et une longueur de 18,6 km. Le mur qui entoure la ville de Séoul n'est pas une frontière, mais un chemin qui relie le passé et le présent de Séoul. Le parcours de 4 km est une promenade facile.

4 min à pied, 235m de la SORTIE #1

OUVERT 24 HEURES SUR 24

22

Dongdaemun/Heunginjimun
동대문/흥인지문

Jongno-gu Jong-ro 288
서울 종로구 종로 288

Dongdaemun (qui signifie "la porte de l'Est" et est officiellement appelée porte Heunginjimun) est la porte orientale de Séoul, la capitale de l'époque, construite en 1398. La porte actuelle a été reconstruite en 1869. À cette époque, quatre portes et quatre tours ont été construites dans la forteresse de Séoul. La porte Heunginjimun est, avec la porte Sungnyemun, la plus grande porte de Séoul. Elle comporte un corps de garde qui abritait les gardes et servait également de poste de commandement pour les militaires en cas d'urgence. A l'extérieur de la maison de la porte, des murs de briques et des fenêtres en bois aidaient à repousser l'ennemi. La porterie de la porte Heunginjimun reflète les caractéristiques des bâtiments du XIXe siècle, avec une structure générale simple mais de nombreuses décorations. De plus, une forteresse en forme de demi-lune a été placée devant pour repousser les ennemis. La nuit, les lumières sont allumées et offrent un spectacle différent de celui de la journée.

3 min à pied, 155m de la SORTIE #6

OUVERT 24 HEURES SUR 24

Cheonggyecheon
청계천

Jongno-gu Cheonggyecheon-ro 1
서울 종로구 청계천로 1

Avant le projet de restauration de 2005, il n'était qu'une voie d'eau abandonnée. Aujourd'hui, c'est une zone de loisirs publique de 10,9 km au cœur de Séoul, qui fait valoir sa beauté naturelle au milieu de la vie trépidante de la ville. Parmi les 20 ponts qu'il compte, Narae et Gwanggyo symbolisent l'harmonie du passé et du futur. Il passe à proximité du palais Deoksugung, de la rue Insa-dong, du palais Changdeokgung et du palais Changgyeonggung. C'est un bel endroit pour une agréable promenade, une amusante sortie en famille ou un rendez-vous romantique. On y trouve de nombreux buissons et espaces verts.

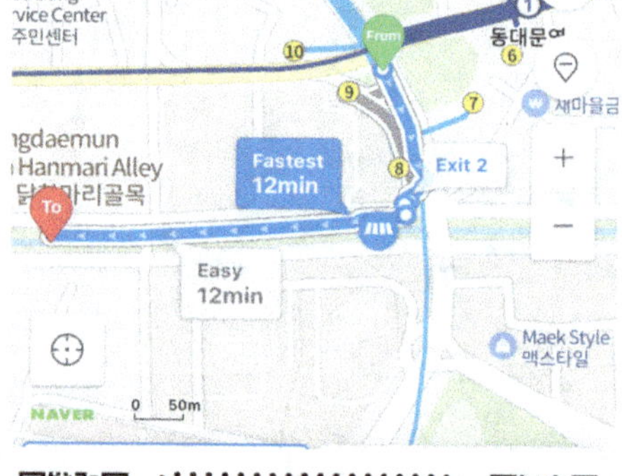

12 min à pied, 387m de la SORTIE #8

OUVERT 24 HEURES SUR 24

www.sisul.or.kr/open_content/cheonggye

Marché de Gwangjang
광장시장

Jongno-gu Changgyeonggung-ro 88
서울 종로구 창경궁로 88

C'est l'un des marchés traditionnels les plus animés de Séoul et il est facile d'accès pour les voyageurs, car il se trouve au centre de la ville. Ce marché traditionnel, qui a une longue histoire, a été créé au début du 20ème siècle et propose divers articles tels que des vêtements et des produits alimentaires. Le marché alimentaire est particulièrement réputé. Outre le gimbap, vous pourrez y déguster différentes crêpes, tteokbokki et beignets de poisson, fabriqués sur place à des prix raisonnables. Si vous vous intéressez aux vêtements, ne manquez pas de faire un tour à la boutique Hanbok, où vous trouverez des vêtements traditionnels colorés et une boutique de vêtements vintage au deuxième étage.

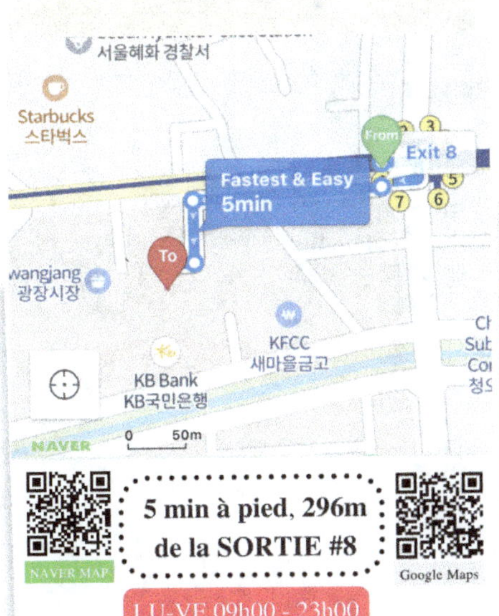

5 min à pied, 296m
de la SORTIE #8

LU-VE 09h00 - 23h00

www.kwangjangmarket.co.kr

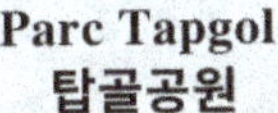

Parc Tapgol
탑골공원

Jongno-gu Jong-ro 99
서울 종로구 종로 99

Aujourd'hui, le parc Tapgol est connu pour être un lieu de repos pour les personnes âgées, mais c'est aussi un lieu historique qui a vu naître le mouvement d'indépendance contre la domination coloniale japonaise le 1er mars 1919. Le temple de Wongaksa s'y trouvait à l'origine. Ce n'est qu'en 1897, sous le règne du roi Gojong de l'empire coréen, que le parc a été aménagé dans le style occidental. Il fut appelé parc des pagodes et rebaptisé parc Tapgol en 1992. En franchissant la porte principale du parc Tapgol, vous pourrez également voir la pagode en pierre de 10 étages du temple Wongaksa, Trésor national n°2, considéré comme un chef-d'œuvre exceptionnel en raison de son style coloré et unique. Dans le parc de Tapgol, vous n'entendrez plus les appels à l'indépendance, mais la signification de cette journée reste inchangée.

5 min à pied, 338m
de la SORTIE #1

LU-VE 09h00 - 18h00

Sanctuaire royal de Jongmyo
종묘

Jongno-gu Hunjeong-dong 1
서울 종로구 훈정동 1

Le sanctuaire de Jongmyo est l'un des bâtiments les plus raffinés et les plus majestueux en forme de sanctuaire confucéen, dédié aux rois et reines de la dynastie Joseon et à leurs descendants. Entouré de petites montagnes et de forêts, il se compose du pavillon Jeongjeon, du pavillon Yeongnyeongjeon et de plusieurs bâtiments annexes nécessaires à la préparation des rituels. Un minimum de peinture a été utilisé dans le pavillon, et la décoration et la technique ont été aussi discrètes que possible. Cela s'explique par le fait que le sanctuaire de Jongmyo est un lieu solennel et respectueux où l'on conservait les esprits des ancêtres. Jongmyo Jerye et Jeryeak (musique rituelle) ont été inscrits sur la liste du patrimoine culturel immatériel de l'UNESCO en 2001 en tant que "chefs-d'œuvre du patrimoine oral et immatériel de l'humanité" et figurent depuis 2008 sur la liste représentative du patrimoine culturel immatériel de l'humanité.

3 min à pied, 299m
de la SORTIE #11

Les heures d'ouverture varient en fonction de la saison. Consultez la page d'accueil avant votre visite.

jm.cha.go.kr

Hall des instruments de Nagwon
낙원악기상가

Jongno-gu Samil-daero 428
서울 종로구 삼일대로 428

Il s'agit du plus grand centre commercial d'instruments de musique en Corée, et des centaines de magasins d'instruments de musique sont regroupés aux deuxième et troisième étages du bâtiment. Les visiteurs vont des jeunes étudiants aux musiciens professionnels. Certains sont spécialisés dans la vente d'un seul instrument, par exemple la guitare et le piano, d'autres proposent différents instruments, neufs ou d'occasion. Il existe des guitares haut de gamme qui coûtent près de 10 millions de wons (10.000 USD), mais aussi des guitares bon marché qui ne coûtent que quelques dizaines de milliers de wons. Il y a aussi des accessoires pour les instruments de musique et les appareils de son, et des endroits où vous pouvez faire réparer vos instruments de musique par des experts expérimentés. Au quatrième étage, il y a un "Silver Movie Theater" pour les personnes âgées et le "Seoul Art Cinema", qui projette des films indépendants.

3 min à pied, 104m
de la SORTIE #5

Google Maps

TOUS LES JOURS
10h00 - 19h30
FERMÉ LE DIMANCHE

enakwon.com

Temple de Jogyesa
조계사

Jongno-gu Ujeongguk-ro 55
서울 종로구 우정국로 55

Le temple de Jogyesa est le temple central du bouddhisme coréen. On raconte que le nom de Jogye vient du mont Jogyesan, sur lequel le maître Hyeneung a séjourné. C'est là que se trouve le bouddha assis Mokbul du temple Jogyesa, patrimoine culturel matériel n° 126, gouvernement métropolitain de Séoul. Le festival des lanternes, organisé chaque année pour commémorer l'anniversaire de Bouddha près du temple Jogyesa et dans les rues de Jongno, est une bonne attraction pour les touristes ordinaires et étrangers. Ne manquez pas les différents événements et défilés du festival des lanternes !

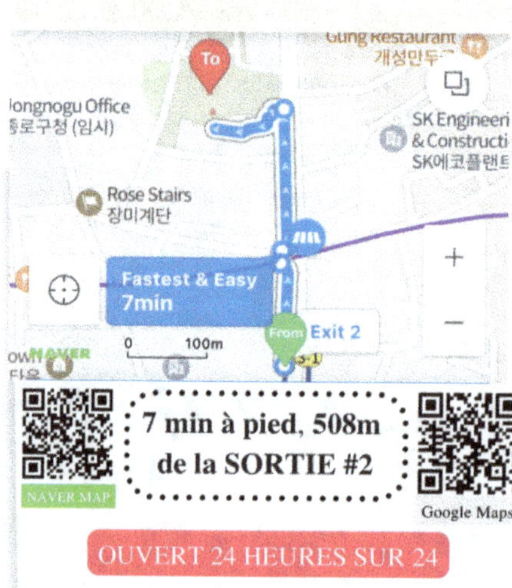

7 min à pied, 508m
de la SORTIE #2

Google Maps

OUVERT 24 HEURES SUR 24

www.jogyesa.kr

Tour de la cloche de Bosingak
보신각

Jongno-gu Jong-ro 54
서울 종로구 종로 54

C'est un pavillon traditionnel hanok à deux étages, dans lequel est suspendue une cloche en bronze, et qui se compose de cinq baies à l'avant et de quatre baies sur les côtés. Fondé en 1396, il a été reconstruit en août 1869. Le 10 novembre 1997, il a été désigné monument n°10 du gouvernement municipal de Séoul sous le nom de Bosingak. Les cloches du Nouvel An, l'événement le plus représentatif de la célébration du Nouvel An coréen, sonnent le 1er janvier à minuit. Des milliers de citoyens se rassemblent devant le pavillon Bosingak.

1 min à pied, 153m
de la SORTIE #4

Google Maps

OUVERT 24 HEURES SUR 24

L'église Jeong Dong Jeil
정동제일교회

Jung-gu Jeongdong-gil 46
서울 중구 정동길 46

Fondée en 1885 par le missionnaire américain Henry Appenzeller, elle est l'une des premières églises méthodistes de Corée. Avec l'église presbytérienne de Saemoonan, elle est surnommée en Corée la "mère des églises". La chapelle Bethel de l'église a été la première chapelle de style occidental en Corée et a été désignée en 1977 comme site historique coréen n° 256. Le premier orgue à tuyaux de Corée a également été inauguré dans l'église en 1918, et Jeongdongseongga fut à la pointe de la culture musicale protestante du pays.

6 min à pied, 555m de la SORTIE #1

Voir les horaires de l'église

chungdong.org

Théâtre national de Chongdong
정동극장

Jung-gu Jeongdong-gil 43
서울 중구 정동길 43

Le théâtre Chongdong (Jeongdong) a été créé en 1995 avec la mission historique de restaurer le Wongaksa, le premier théâtre moderne de Corée, en se fixant trois objectifs : le développement et la diffusion des arts traditionnels, le développement des mouvements culturels dans la vie quotidienne et la promotion de la culture des jeunes. Au moment de son ouverture, il s'agissait d'une succursale du Théâtre national de Corée, mais en 1997, il est devenu une entreprise totalement indépendante. Il compte 400 places assises et une scène tournante de 9 mètres de diamètre est installée au centre de la scène. En outre, la scène en hauteur de l'orchestre a été conçue comme une scène variable qui peut être utilisée comme un auditorium mobile de 75 places si nécessaire. Il se prête non seulement aux arts traditionnels, mais aussi aux arts du spectacle de tous les genres, comme la musique, la danse et le théâtre.

6 min à pied, 439m de la SORTIE #1

Voir l'horaire des événements

www.jeongdong.or.kr

Séoul Plaza
서울광장

Jung-gu Taepyeong-ro 17-3
서울 중구 태평로2가 17-3

La Seoul Plaza a été le théâtre de nombreux événements historiques, tels que le Mouvement pour l'Indépendance du 1er mars et le Mouvement Démocratique de juin, et a accueilli des fêtes civiques pendant la Coupe du Monde de 2002. Aujourd'hui, elle est accessible à tous les citoyens, mais cela ne fait qu'un peu plus d'une décennie que les gens ont pu entrer sur cette place. Auparavant, la Seoul Plaza s'appelait "Place devant la mairie" et était entourée de voitures. L'histoire de Séoul Plaza débuta en 1897, lorsque le roi Gojong s'enfuit à la légation russe et revint au palais Deoksugung. Pour redonner vie à la fondation du pays, le roi Gojong construisit une rue rayonnante au centre, devant la porte Daehanmun du palais Deoksugung, et érigea une place et un autel devant celle-ci.

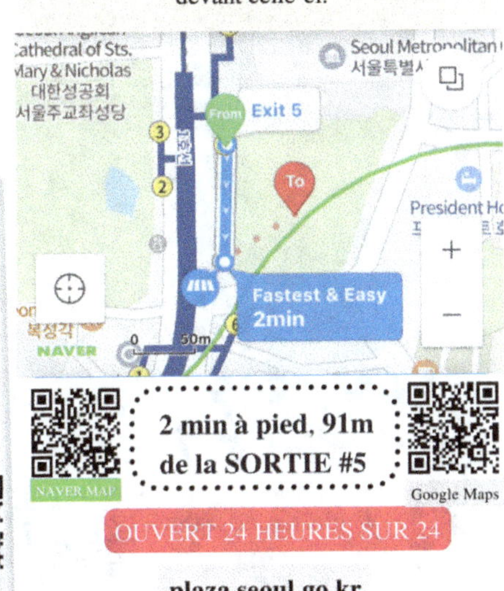

2 min à pied, 91m de la SORTIE #5

OUVERT 24 HEURES SUR 24

plaza.seoul.go.kr

Palais Deoksugung
덕수궁

Jung-gu Sejong-daero 99
서울 중구 세종대로 99

A l'origine, ce palais était la maison du prince Wolsan, mais il devint le palais royal après l'invasion japonaise de la Corée en 1592, lorsque le roi Seonjo en fit temporairement sa résidence royale. En 1608, lorsque le roi Gwanghae s'installa dans le palais Changdeokgung nouvellement construit, il rebaptisa ce palais Gyeongungung. Il fut à nouveau utilisé comme palais royal en 1897, lorsque le roi Gojong, réfugié à la légation russe, s'y installa. En 1906, le nom du palais Gyeongungung fut changé en palais Deoksugung. Vous y trouverez des bâtiments qui contiennent à la fois des éléments de style traditionnel et occidental. Il existe également un mythe selon lequel les couples se séparent lorsque vous marchez sur la Jeongdong-gil, également appelée Deoksugung Stonewall Walkway. Devant la porte Daehanmun, la "cérémonie royale d'échange des gardes de la porte" a lieu tous les jours à 11h et 14h et constitue une grande attraction touristique.

1 min à pied, 80m
de la SORTIE #2

Google Maps

**TOUS LES JOURS 9h00 - 21h00
FERMÉ LE LUNDI**

www.deoksugung.go.kr

Musée national d'art moderne et contemporain 국립현대미술관

Jung-gu Sejong-daero 99
서울 중구 세종대로 99

Ce bâtiment a été utilisé comme musée pour présenter l'exposition d'art de Joseon après l'ouverture du palais Deoksugung au public en 1933. Le Musée national d'art moderne et contemporain Deoksugung Branch a ouvert ses portes en 1998 en tant qu'antenne du Palais Deoksugung. C'est un bâtiment symétrique avec un avant-corps à colonnes corinthiennes. L'espace à angle droit, entouré par les salles est et ouest du hall Seokjojeon, comporte un jardin avec une fontaine en bronze. Il s'agit du premier jardin de style occidental de Corée et il sert toujours de fontaine. Le banc en face de l'aile ouest, de l'autre côté du jardin, est le meilleur endroit pour profiter de la fontaine.

1 min à pied, 72m
de la SORTIE #1

Google Maps

FERMÉ LE LUNDI

www.mmca.go.kr

Outre cet établissement Deoksugung, il en existe d'autres à Séoul, Gwacheon et Chenongju. Visitez leur page d'accueil pour plus d'informations.

L'ancienne légation russe
구 러시아 공사관

Jung-gu Jeongdong-gil 21-18
서울 중구 정동길 21-18

C'est dans ce bâtiment que le roi Gojong de l'empire coréen s'est réfugié de 1896 à 1897, après avoir fui le palais de Gyeongbokgung, contrôlé par l'armée japonaise et le cabinet pro-japonais. La plupart des bâtiments ont été détruits pendant la guerre de Corée et il ne reste aujourd'hui que le sous-sol et la pagode. Le bâtiment est un édifice en briques de deux étages avec une pagode sur un côté. Son style est celui d'un bâtiment Renaissance avec deux fenêtres en forme d'arc-en-ciel et une tête de pignon sur les quatre côtés. Bien que la majeure partie de sa forme originale ait été endommagée, le bâtiment a été classé monument historique en septembre 1977 en raison de son importance historique.

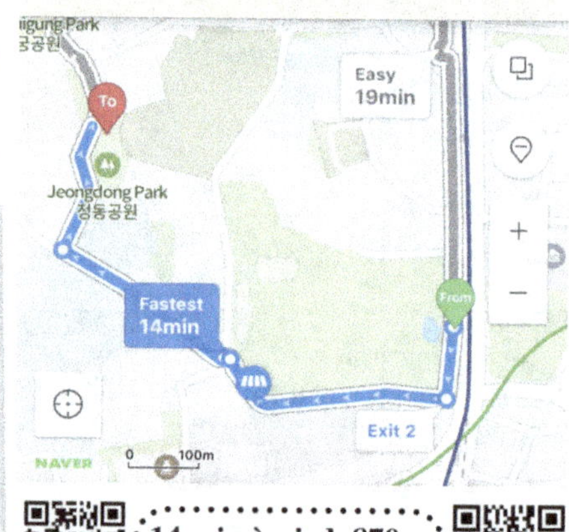

14 min à pied, 870m
de la SORTIE #2

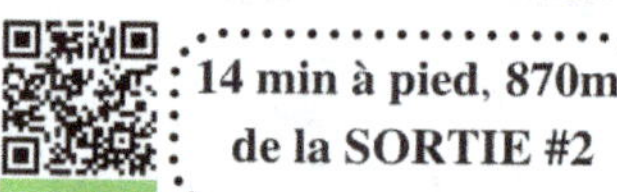

Google Maps

OUVERT 24 HEURES SUR 24

Autel de Hwangudan
환구단

Jung-gu Sogong-ro 106
서울 중구 소공로 106

Situé sur le site de l'hôtel Westin Chosun, cet autel était une construction chamanique érigée pour le rite céleste sous les dynasties Goryeo et Joseon. Cette structure a été démantelée entre 1464 et 1897, mais a été reconstruite lorsque la dynastie Joseon a fait partie de l'empire coréen. Les trois tambours de pierre symbolisent les instruments utilisés pour les rituels. C'est un site historique qui n'est pas très connu des locaux, ce qui en fait un bon endroit pour prendre des photos et se détendre.

Marché aux poissons de Noryangjin
노량진 수산시장

Dongjak-gu Nodeul-ro 674
서울 동작구 노들로 674

Un endroit où vous pouvez rencontrer la mer au milieu du centre-ville de Séoul, qui est loin de la mer ? C'est le marché aux poissons de Noryangjin. C'est ici que sont rassemblés différents produits de la mer provenant de tout le pays et transportés, via des enchères, vers les marchés de tout le pays. C'est aussi le plus grand "restaurant de sashimis" de Séoul. En général, vous pouvez assister à la vente aux enchères en direct pour les grossistes entre 1h et 4h du matin. Pendant les heures de repas, il est rempli de clients à la recherche de sashimis frais, mais c'est aussi un lieu de rencontre unique pour les jeunes couples.

Tombeaux des six martyrs de Sayuksinmyo 사육신묘

Dongjak-gu Noryangjin-ro 191
서울 동작구 노량진로 191

Ce site funéraire commémore six jeunes martyrs exécutés pour avoir échoué dans leur plan de restauration du roi Danjong de la dynastie Josoen. Ce site est censé rappeler la loyauté et la droiture des six. Ce n'est pas un site imposant, mais plutôt un lieu toujours calme et serein. Le meilleur moment pour le visiter est au printemps, lorsque les forsythias et les azalées sont en pleine floraison.

4 min à pied, 169m de la SORTIE #6

OUVERT 24 HEURES SUR 24

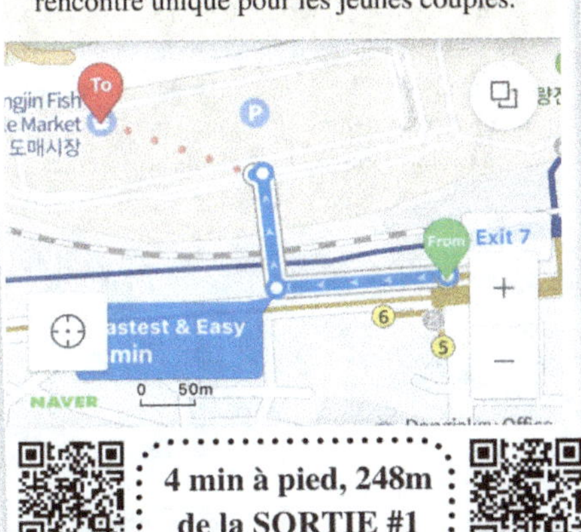

4 min à pied, 248m de la SORTIE #1

OUVERT 24 HEURES SUR 24

www.susansijang.co.kr

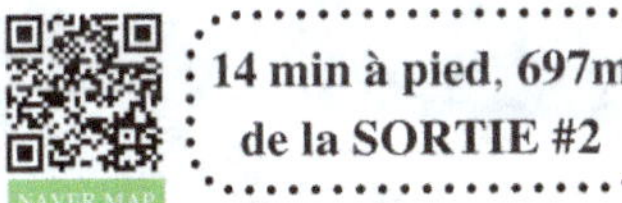

14 min à pied, 697m de la SORTIE #2

Google Maps

OUVERT 24 HEURES SUR 24

Times Square
타임스퀘어

Yeongdeungpo-gu, Yeongjung-ro 15
서울 영등포구 영중로 15

Ouvert en 2009, Times Square est l'un des plus grands centres commerciaux de Séoul, accueillant en moyenne plus de 200 000 visiteurs par jour. Il offre une expérience de shopping complète tout en répondant à des besoins de style de vie tels que la mode, la culture, les repas et le divertissement. L'atrium principal dispose d'un grand espace ouvert sur le toit du premier étage avec une grande vitre, de sorte que vous pouvez voir le ciel de tous les étages de la salle, ce qui crée une atmosphère agréable. Chaque week-end, il y a plusieurs spectacles et activités auxquels les visiteurs peuvent participer.

5 min à pied, 187m de la SORTIE #5

TOUS LES JOURS
10h30 - 22h00

www.timessquare.co.kr

Wolmi Theme Park
월미 테마파크

Incheon Jung-gu Wolmimunhwa-ro 81
인천 중구 월미문화로 81

Depuis son ouverture en 1992, l'île de Wolmido est très appréciée des habitants et des touristes, car elle offre un cadre naturel exceptionnel. Depuis, elle a été réhabilitée en 2009 sous la forme d'un immense complexe appelé Wolmi Theme Park. Le Wolmi Theme Park est apparu dans plusieurs émissions de télévision telles que "We Got Married", "One Night, Two Days" et "Running Man". Il est équipé de manèges impressionnants tels que l'Hyper Shots Drops de 70 mètres de haut, la Tagada Disco, le Two-Story Viking et la grande roue de 115 mètres de haut. L'immense centre de jeux pour enfants en intérieur Chapi Family Park, les installations de jeux aquatiques telles que les mini-flots, les bateaux, les jeux de water-polo et les cinémas 4D sont autant d'endroits où tout le monde, des enfants aux adultes, peut s'amuser.

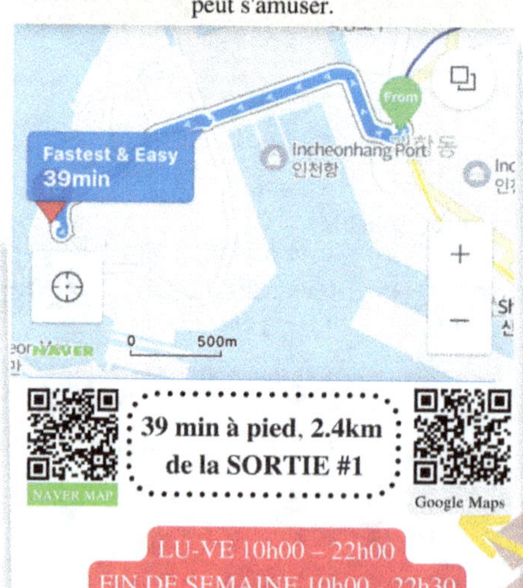

39 min à pied, 2.4km de la SORTIE #1

LU-VE 10h00 – 22h00
FIN DE SEMAINE 10h00 - 22h30

www.my-land.co.kr

Incheon Chinatown
차이나타운

Incheon Jung-gu Chinataun-ro 26 beon-gil 12-17
인천 중구 차이나타운로26번길 12-17

Le quartier chinois d'Incheon a été créé lorsque le port d'Incheon a été ouvert en 1883 et a été désigné comme zone extraterritoriale de la dynastie Qing en 1884. Auparavant, la plupart des boutiques vendaient des produits importés de Chine, mais aujourd'hui, on y trouve surtout des restaurants chinois. Chinatown est l'endroit où les Chinois de Corée vivaient autrefois le plus. Aujourd'hui, il est célèbre pour ses dizaines de restaurants, boulangeries et cafés chinois et il y a de nombreuses attractions comme la rue Samgukji Mural, le Freedom Park et le Donghwa Village. Si vous venez le week-end, vous pourrez voir des touristes envahir les rues et de longues lignes de personnes devant de nombreux restaurants chinois célèbres.

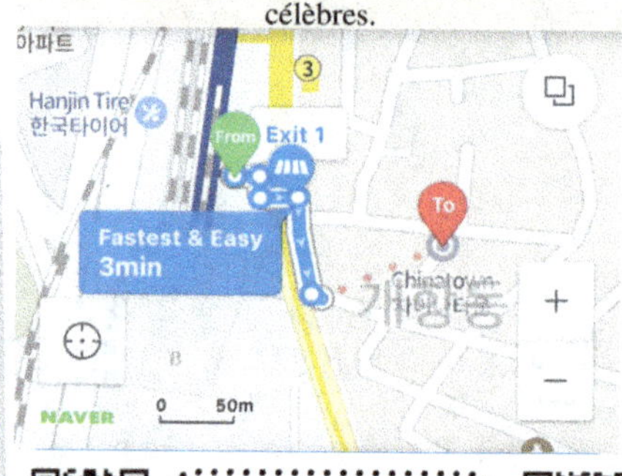

3 min à pied, 108m de la SORTIE #1

OUVERT 24 HEURES SUR 24

(Pour vous y rendre plus rapidement, vous pouvez

- prendre le bus n° 45 à l'arrêt situé devant la gare d'Incheon
- et descendre à l'arrêt Wolmi Theme Park (T-Money accepté).

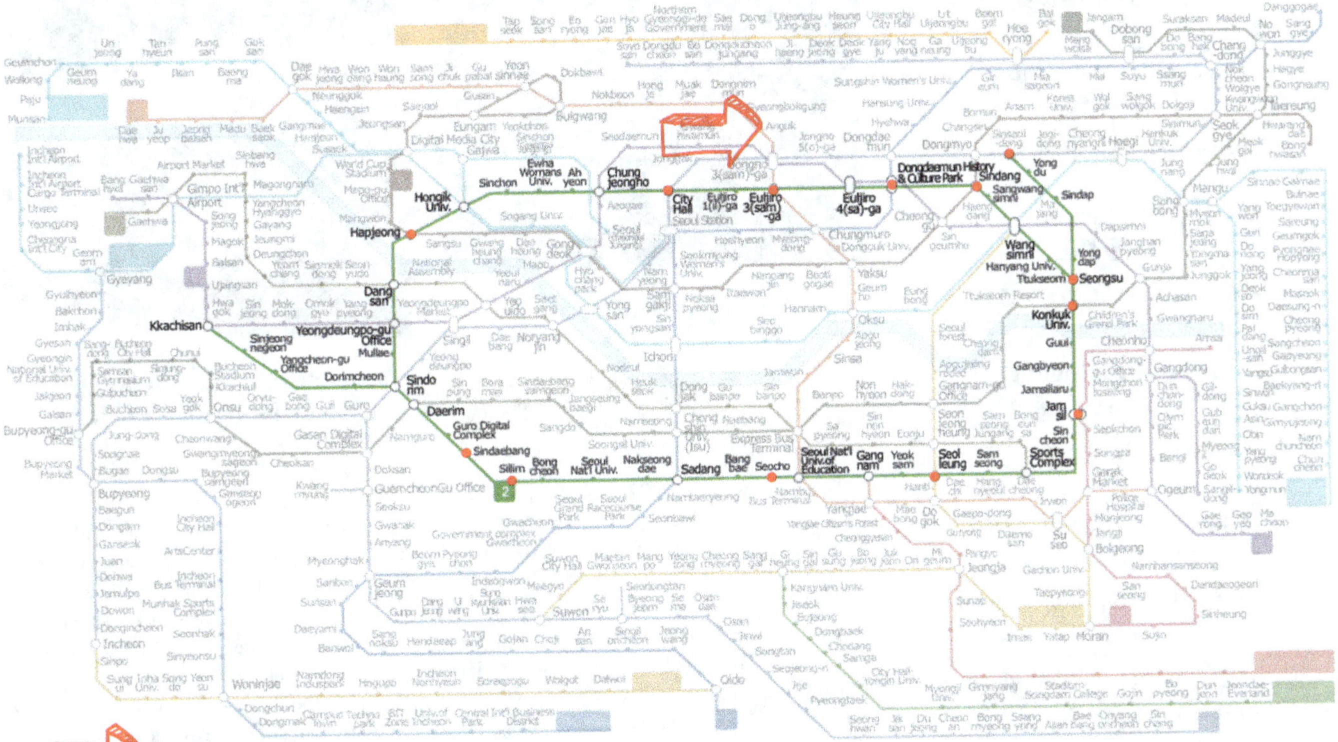

(201)=(132) CITY HALL 시청

- L'église Jeong Dong Jeil 정동제일교회
- Théâtre national de Chongdong 정동극장
- Séoul Plaza 서울광장
- Palais Deoksugung 덕수궁
- L'ancienne légation russe
  구 러시아 공사관
- Musée national d'art moderne et
  contemporain 국립현대미술관
- Autel de Hwangudan 환구단

(203)=(330) EULJIRO 3(SAM)-GA 을지로 3가

- Église presbytérienne de Youngnak 영락교회

(205) DONGDAEMUN HISTORY & CULTURE PARK 동대문역사문화공원

- Dongdaemun Digital Plaza (DDP) 동대문 디지털 플라자
- Dongdaemun Fashion Town 동대문 패션타운

(206)=(635) SINDANG 신당

- Marché aux puces de
  Hwanghakdong
  황학동 벼룩시장
- Chungmu Art Center
  충무 아트센터
- Sindangdong Tteokbokki Town
  신당동 떡볶이타운

(210) TTUKSEOM 뚝섬

- Forêt de Séoul 서울숲

(211-4)=(126) SINSEOLDONG 신설동

- Marché aux puces populaire de Séoul
  서울풍물시장

(212)=(727) KONKUK UNIV. 건대입구

- Common Ground 커먼그라운드

(216)=(814) JAMSIL 잠실

- Lotte World 롯데 월드
- Monument en pierre de Samjeondobi
  삼전도비

(220) SEOLLEUNG 선릉

- Tombeaux royaux de
  Seonjeongneung
  서울 선릉과 정릉

(224) SEOCHO 서초

- Sillim-dong Sundae Town
  신림동 순대타운

(230) SILLIM 신림

- Seorae Village & Parc de
  Montmartre
  서래마을 & 몽마르뜨 공원

(231) SINDAEBANG 신대방

- Parc Boramae 보라매 공원

(238)=(622) HAPJEONG 합정

- Cimetière Yanghwajin pour les missionnaires étrangers 양화진외국인선교사묘원
- Sanctuaire des martyrs de Jeoldusan 절두산 성지
- Mecenatpolis Mall 메세나폴리스몰

- Ligne la plus fréquentée de Séoul - elle est souvent bondée.
- Ligne circulaire : dans le sens des aiguilles d'une montre, elle est appelée "cercle intérieur", dans le sens inverse, "cercle extérieur".
- Deuxième boucle la plus longue du monde (60,2 km).
- Relie le centre-ville à Gangnam, Teheran Valley et le complexe COEX/KWTC.
- Nombre de stations: 51
- Terminus : City Hall / Seongsu / Sindorim City Hall / Sinseol-dong / Kkachisan

L'église Jeong Dong Jeil
정동제일교회

6 min à pied, 555m de la SORTIE #1

Théâtre national de Chongdong
정동극장

6 min à pied, 439m de la SORTIE #1

Séoul Plaza
서울광장

2 min à pied, 91m de la SORTIE #5

Palais Deoksugung
덕수궁

1 min à pied, 80m de la SORTIE #2

L'ancienne légation russe
구 러시아 공사관

14 min à pied, 870m de la SORTIE #2

Musée national d'art moderne et contemporain 국립현대미술관

1 min à pied, 72m de la SORTIE #1

Autel de Hwangudan
환구단

4 min à pied, 169m de la SORTIE #6

Ces lieux ont déjà été présentés dans les pages précédentes.

Église presbytérienne de Youngnak
영락교회

Jung-gu, Supyo-ro 33
서울 중구 수표로 33

Fondée à Séoul en 1945 par Kyung-Chik Han, elle a été consacrée par 27 réfugiés de la Corée occupée par les Soviétiques, au-dessus du 38e parallèle. Lorsque le révérend Han a reçu le Templeton Prize for Progress in Religion en 1992, le nombre de membres est passé à 60.000, faisant de l'église la plus grande communauté presbytérienne au monde. Le bâtiment de style néogothique était un refuge pour les réfugiés persécutés. Il n'est pas très grand, mais avec la cathédrale catholique de Myeong-dong, de l'autre côté de la rue, il vaut la peine d'être visité.

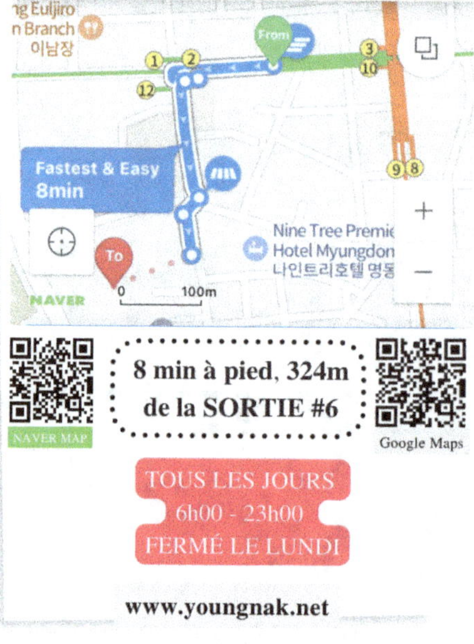

8 min à pied, 324m de la SORTIE #6

Google Maps

TOUS LES JOURS
6h00 - 23h00
FERMÉ LE LUNDI

www.youngnak.net

Dongdaemun Digital Plaza (DDP)
동대문 디지털 플라자

Jung-gu, Eulji-ro 281
서울 중구 을지로 281

Un OVNI vient-il d'atterrir à Séoul ? Ce bâtiment futuriste vous offrira une expérience unique. Il s'agit d'un grand symbole urbain conçu par Zaha Hadid et Samoo. Il présente un design néo-futuriste caractérisé par des formes allongées et courbes. Situé au cœur de Dongdaemun, le centre de la mode de Séoul et une destination touristique populaire, il dispose d'un parc accessible sur les toits, de salles d'exposition, de boutiques futuristes et de parties restaurées de la forteresse de Séoul. Il y a trois bâtiments différents, que vous devez absolument tous visiter.

1 min à pied, 35m de la SORTIE #1

Google Maps

TOUS LES JOURS 10h00 - 20h00

www.ddp.or.kr

Dongdaemun Fashion Town
동대문 패션타운

Jung-gu, Jangchungdan-ro 263
서울 중구 장충단로 263

Dongdaemun Fashion Town, désignée comme zone touristique spéciale en 2002, fait coexister des marchés traditionnels comme le Gwanghui Market et le Pyeonghwa Market, des marchés de gros en plein essor comme Golden Town et Appm, et de grands centres commerciaux complexes comme Duta, Migliore et Good Morning City. Il existe une trentaine de grands centres commerciaux et 35 000 magasins individuels à eux seuls. Dans un rayon d'un kilomètre, tout est géré, de la conception à la production et à la vente des produits. L'ampleur est telle qu'il est impossible de tout visiter en une journée. C'est pourquoi il est très apprécié non seulement des Coréens, mais aussi des touristes étrangers.

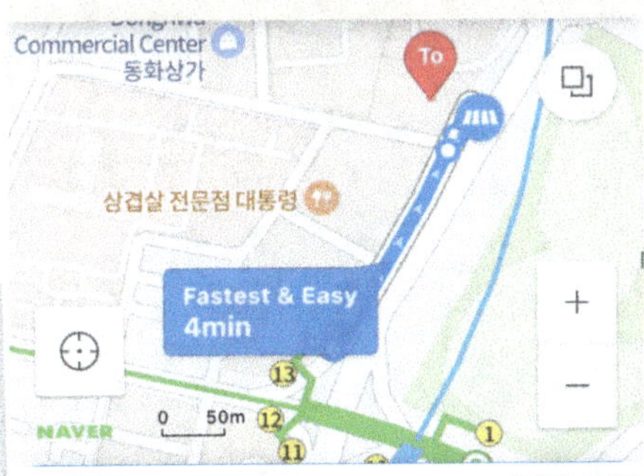

4 min à pied, 208m
de la SORTIE #14

Google Maps

Chaque centre commercial a ses propres horaires d'ouverture. Cependant, la plupart sont ouverts de 10h30 à minuit. Certains sont fermés le lundi.

Marché aux puces de Hwanghakdong 황학동 벼룩시장

Jung-gu Majang-ro 5-gil 11-7
서울 중구 마장로5길 11-7

Parmi les habitants, il est connu comme le "marché de tout", car on y trouve une grande variété de biens d'occasion à acheter, des antiquités à l'électronique. On comprend pourquoi il est considéré comme le paradis des collectionneurs d'antiquités. Si vous êtes chanceux, vous pouvez trouver de superbes articles à des prix fortement réduits. En négociant un peu, vous pourrez peut-être faire une plus belle affaire. Essayez-le, c'est amusant !

6 min à pied, 392m
de la SORTIE #11

Google Maps

En général ,TOUS LES JOURS
10h00 - 18/19h00

Chungmu Art Center
충무 아트센터

Jongno-gu Changgyeonggung-ro 88
서울 종로구 창경궁로 88

Situé à Jung-gu, Séoul, le centre culturel tire son nom du titre posthume de Chungmu de l'amiral Yi Sun-shin, né à Inhyeon-dong dans le même arrondissement. Il est connu pour son excellent environnement pour divers spectacles tels que la musique classique, les pièces de théâtre et les comédies musicales. Il dispose également d'une galerie, d'une salle polyvalente, d'une salle de congrès, d'une salle de répétition d'orchestre, d'une salle de répétition pour les groupes artistiques locaux, d'un studio pour les exercices de représentation, d'une salle de formation pour l'académie des arts et d'installations sportives comprenant une salle d'entraînement au golf, une piscine, une salle de fitness, une salle d'aérobic et une salle de douche, entre autres.

2 min à pied, 105m
de la SORTIE #9

Google Maps

TOUS LES JOURS 9h00 - 22h00
FERMÉ LE LUNDI

www.caci.or.kr

Sindangdong Tteokbokki Town
신당동 떡볶이타운

Jung-gu Sindang-dong 304-684
서울 중구 신당동 304-684

Fabriqué à partir d'un gâteau de riz tendre et épais, assaisonné de sauce gochujang (pâte de piment fort) épicée et sucrée, c'est l'un des plats de rue les plus populaires en Corée, souvent servi avec des œufs durs, des nouilles ramyun (nouilles instantanées) et des gâteaux de poisson. Son histoire remonte à la dynastie Joseon. L'histoire raconte qu'il était consommé au palais royal et qu'il l'est encore aujourd'hui. En raison de son goût addictif, il existe des restaurants franchisés appelés "narcotic tteobokki".

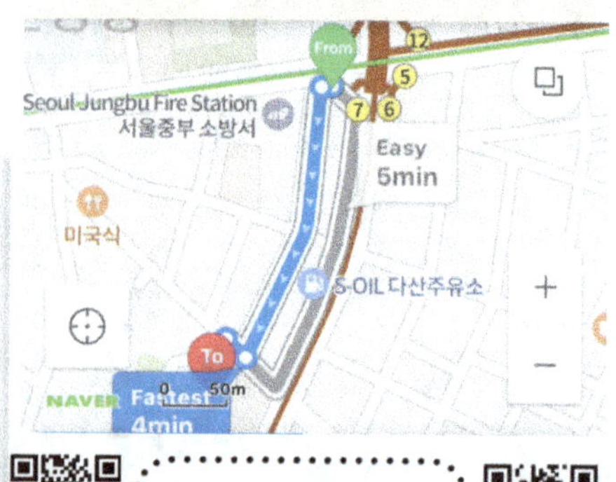

4 min à pied, 236m de la SORTIE #8

Google Maps

OUVERT 24 HEURES SUR 24

Forêt de Séoul
서울숲

Seongdong-gu Ttukseom-ro 273
서울 성동구 뚝섬로 273

Ouverte en 2005, la Seoul Forest devient un lieu de détente pour les citoyens. Seoul Forest est divisé en cinq parcs thématiques, dont le parc culturel et artistique, la forêt écologique, le centre d'apprentissage Nature Experience, le centre écologique Wetland et le parc Hangang Waterfront. Le parc culturel et artistique abrite des statues et des aires de jeux en forêt. L'Ecological Forest réunit des animaux et des plantes sauvages, tandis que le Nature Experience Learning Center comprend une forêt gardienne et un jardin botanique pour les insectes. Le Wetland Ecology Center propose des forêts et des aires de jeux naturelles ainsi que des cours en plein air. Le Hangang Waterfront Park dispose d'une piste cyclable et d'un embarcadère pour le bateau de croisière sur la rivière Hangang, ce qui en fait un lieu idéal pour les rendez-vous amoureux.

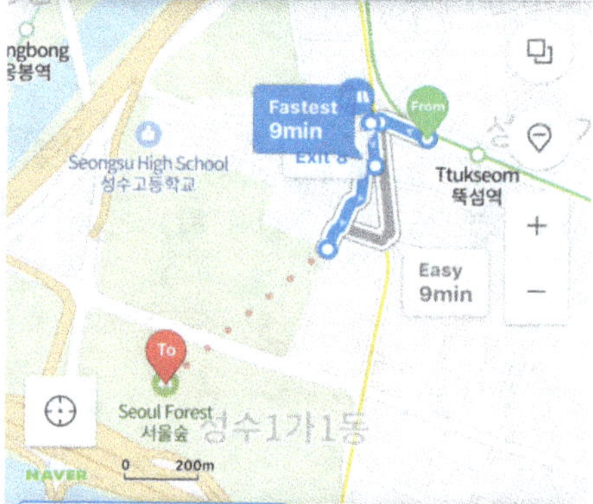

9 min à pied, 529m de la SORTIE #8

Google Maps

OUVERT 24 HEURES SUR 24

parks.seoul.go.kr/template/sub/seoulforest.do

Marché aux puces populaire de Séoul 서울풍물시장

3 min à pied, 199m de la SORTIE #9

Ce lieu a déjà été présenté dans les pages précédentes.

(212)=(727) KONKUK UNIV. 건대입구

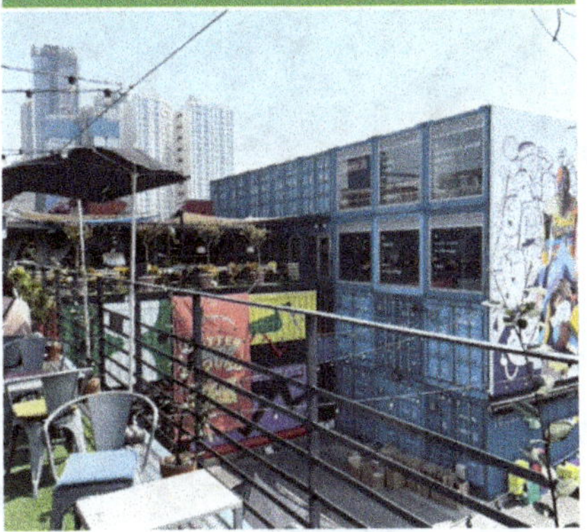

Common Ground
커먼그라운드

Gwangjin-gu, Achasan-ro 200
서울 광진구 아차산로 200

Le plus grand centre commercial pop-up en conteneurs du monde a été construit en 2015 par Kolon FnC à partir de plus de 200 grands conteneurs. Les boîtes de conteneurs bleues emblématiques sont reliées par des boulons. À l'intérieur, on trouve des centres commerciaux pour les marques de sport, des burgers artisanaux, des pâtes et des cafés-brunch. Il est également considéré comme l'une des trois meilleures destinations touristiques de Séoul pour l'architecture en conteneurs. Conformément à la ligne "Youth Culture Factory", où coexistent des marques à la sensibilité culturelle jeune du monde entier et des designers coréens talentueux, les visiteurs ici sont principalement des jeunes d'une vingtaine ou d'une trentaine d'années, mais de nombreux touristes étrangers viennent également.

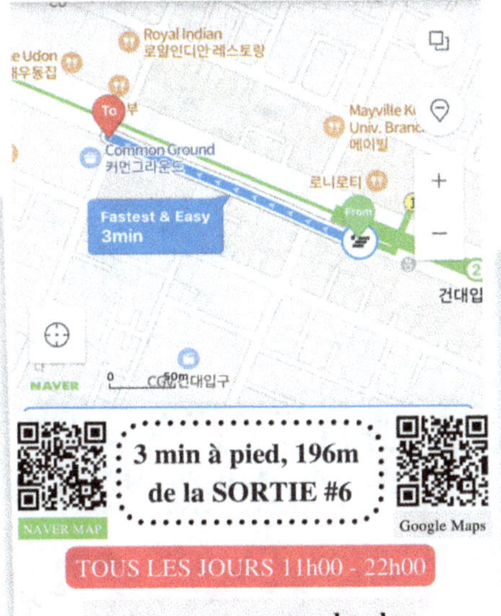

NAVER MAP — **3 min à pied, 196m de la SORTIE #6** — Google Maps

TOUS LES JOURS 11h00 - 22h00

www.common-ground.co.kr

(216)=(814) JAMSIL 잠실

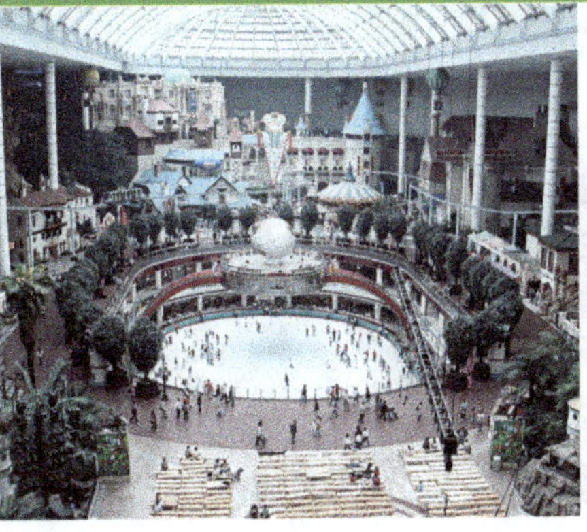

Lotte World
롯데 월드

Songpa-gu Ollimpik-ro 240
서울 송파구 올림픽로 240

Visité par plus de 7 millions de personnes chaque année, Lotte World est un méga-complexe de loisirs qui abrite le plus grand parc d'attractions intérieur au monde. Il abrite diverses installations, dont des centres commerciaux, un hôtel de luxe, un musée folklorique coréen, des installations sportives et des salles de cinéma. Il abrite également la plus grande patinoire de Corée. Le parc propose un certain nombre de spectacles auxquels vous pouvez assister sans frais supplémentaires. "Magic Island" est une île artificielle située sur un lac et reliée par un monorail. C'est un grand parc d'attractions et un centre commercial pour les personnes de tous âges. Vous pouvez vous y amuser toute la journée. Téléchargez l'application "Magic Pass" pour éviter les longues files d'attente.

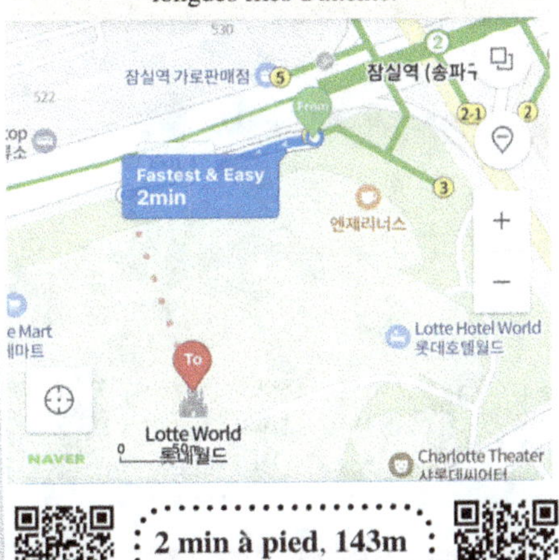

NAVER MAP — **2 min à pied, 143m de la SORTIE #4** — Google Maps

TOUS LES JOURS 10h00 - 22h00

www.lotteworld.com

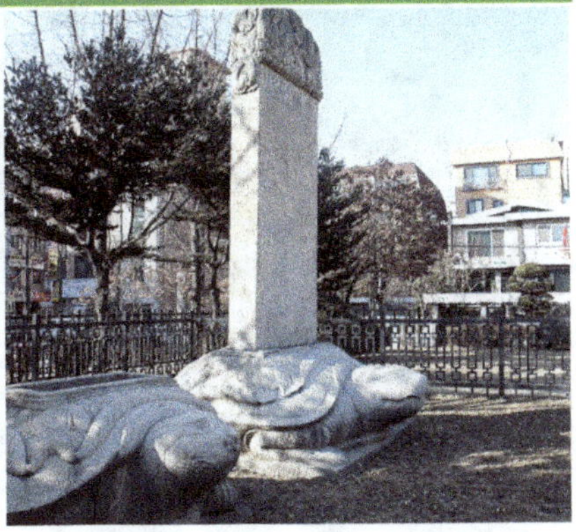

Monument en pierre de Samjeondobi
삼전도비

Songpa-gu Songpanaru-gil 256
서울 송파구 송파나루길 256

Il s'agit d'un monument érigé pour commémorer la soumission de la dynastie Joseon à la dynastie Qing en 1636, à la suite de la deuxième invasion mandchoue, au cours de laquelle le roi Injo, en tant que serviteur, dut s'incliner solennellement neuf fois devant Hong Taiji de la dynastie Qing. Le traité de Samjeondo exigeait que son premier et son deuxième fils soient capturés et que la dynastie Joseon devienne un État tributaire. Il s'agit d'une pièce importante de l'histoire (honteuse) de la Corée. Une petite escale en vaut la peine si vous êtes en ville (Lotte World & Seokchon Lake).

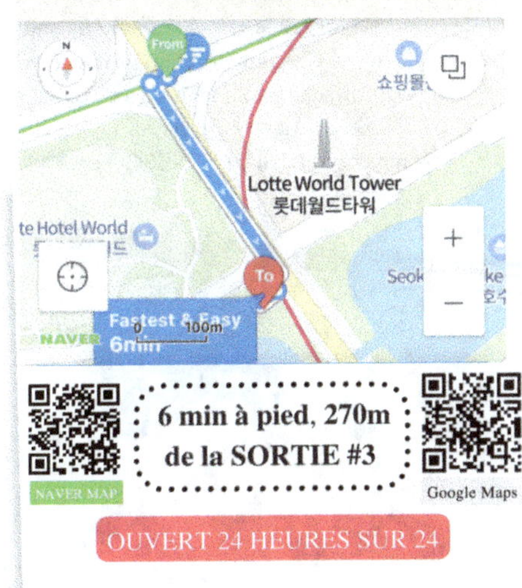

NAVER MAP — **6 min à pied, 270m de la SORTIE #3** — Google Maps

OUVERT 24 HEURES SUR 24

Tombeaux royaux de Seonjeongneung
서울 선릉과 정릉

Gangnam-gu Samseong-2-dong 100-gil 1
서울 강남구 삼성2동 선릉로100길 1

Les tombes royales de Seonneung et Jeongneung sont des tombes royales où reposent le roi Seongjong, neuvième roi de la dynastie Joseon, la reine Jeonghyeon et le roi Jungjong de la dynastie Joseon. Ce lieu est historiquement important, mais la nature verdoyante est si bien préservée qu'on l'appelle "la forêt dans la ville". Lorsque vous pénétrez dans les tombes royales de Seonneung et Jeongneung, vous êtes surpris par leur taille considérable. En particulier, le chemin forestier qui mène de Jeongneung, la tombe du roi Jungjong, à Seonneung, où reposent le roi Seongjong et la reine Jeonghyeon, est vaste. Vous rencontrerez des citoyens qui se promènent sur le chemin reliant les tombes et d'autres qui se reposent à l'ombre d'un bel arbre. C'est une forêt relaxante où vous pouvez faire une pause au milieu d'une ville complexe. Elle a été inscrite sur la liste du patrimoine mondial de l'UNESCO en 2009.

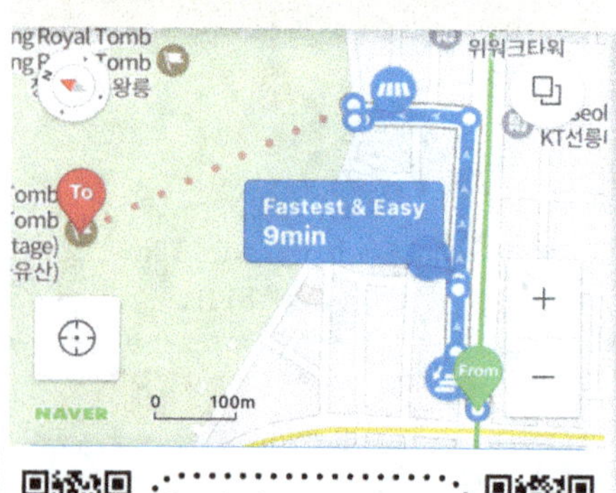

9 min à pied, 432m
de la SORTIE #10

Google Maps

royaltombs.cha.go.kr

Seorae Village & Parc de Montmartre
서래마을 & 몽마르뜨 공원

Seocho-gu, Seocho-dong, San177-3
서울 서초구 서초동 산177-3

A l'origine, le parc était une colline boisée d'acacias, mais en 2000, le Seoul Metropolitan Waterworks Headquarters a lancé un projet de drainage pour alimenter la zone de Banpo en eau courante et, en accord avec le gouvernement métropolitain de Séoul, a créé le "Parc Montmartre" pour offrir des zones de repos aux résidents. Le parc a été appelé "Montmartre Park" parce que de nombreux Français vivaient dans le village voisin de Seorae et que la route d'accès à ce village s'appelait Montmartre Road. Le village de Seorae abrite une école française internationale et de nombreuses boulangeries françaises.

9 min à pied, 577m
de la SORTIE #6

Google Maps

Sillim-dong Sundae Town
신림동 순대타운

Gwanak-gu, Sillim-ro 59-gil 14
서울 관악구 신림로 59길 14

Le premier endroit qui vous vient à l'esprit lorsque vous pensez à Sillim-dong est Sundae Town. Les vendeurs de rue Sundae étaient déjà présents dans les années 1960, bien sûr, mais lorsque le bâtiment Folk Sundae Town a été construit en 1992, les maisons Sundae dispersées sur le marché traditionnel ont été regroupées en un seul endroit pour former la Sundae Town actuelle. Contrairement aux sundaes ordinaires, les baeksundae (sundaes simples) et les sundaes épicés, mélangés à de la pâte de poivron rouge, divers légumes et épices avec des intestins de bœuf, sont célèbres à Sillim-dong, et les jeunes viennent souvent manger de délicieux sundaes à des prix abordables. Certains restaurants proposent également des menus uniques avec des calamars frits et des tripes frites.

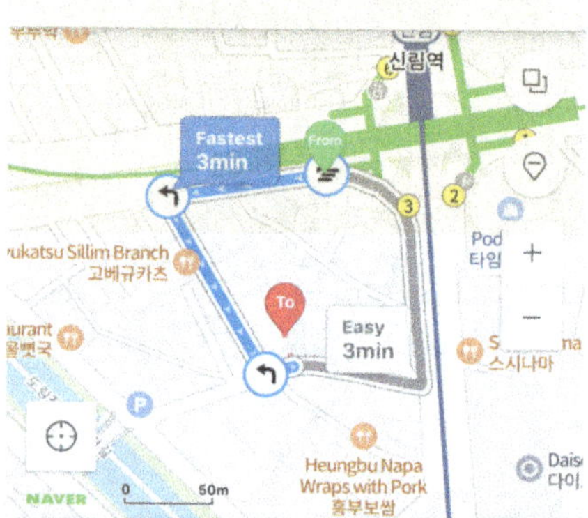

3 min à pied, 175m
de la SORTIE #4

Google Maps

Parc Boramae
보라매 공원

Dongjak-gu Sindaebang-dong 395
서울 동작구 신대방동 395

Le parc Boramae a ouvert ses portes le 5 mai 1986, après la remise en état du site que l'Air Force Academy avait quitté le 20 décembre 1985. Le parc a reçu son nom actuel après avoir adopté le symbole de l'Air Force Academy, Boramae (un jeune faucon). Le parc Boramae, qui représente la partie sud-ouest de Séoul, est apprécié par de nombreux citoyens comme espace de détente, d'exercice et de culture, car il est relié à la fois à Dongjak-gu, Gwanak-gu et Yeongdeungpo-gu.

Spectacle étonnant de jets d'eau du :
MAI-SEP
12:00-12:50,
17:00-17:20, 19:00-19:20 (illuminé),
20:00-20:20 (illuminé)
*Horaires sous réserve de modifications.

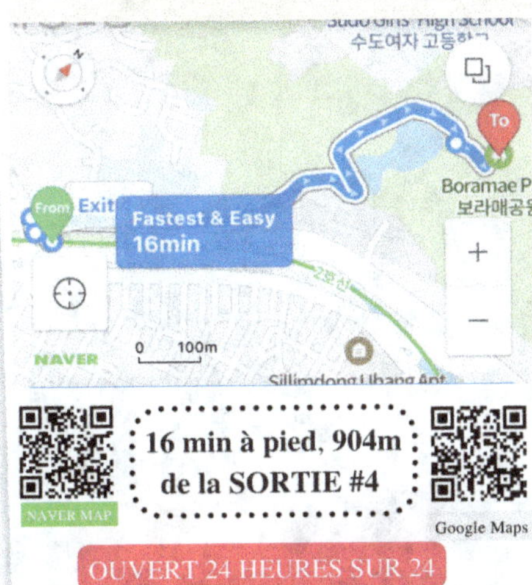

16 min à pied, 904m de la SORTIE #4

Google Maps

OUVERT 24 HEURES SUR 24

parks.seoul.go.kr template/sub/boramae.do

Cimetière Yanghwajin pour les missionnaires étrangers 양화진외국인선교사묘원

Mapo-gu Yanghwajin-gil 46
마포구 양화진길 46

De la fin de la dynastie Joseon à la période coloniale japonaise, environ 1 500 missionnaires étrangers sont venus en Corée. Ils se sont principalement engagés dans les domaines de la médecine, de l'éducation et de la charité, bien que le christianisme ait été interdit sous la dynastie Joseon. Ils espéraient être enterrés en Corée même après leur mort, d'où la création de ce cimetière. Situé à côté du lieu saint catholique du mont Jeoldusan, le Yanghwajin retrace l'histoire des bouleversements de l'époque, notamment l'exécution de catholiques et la décapitation de Kim Ok-kyun, un membre du mouvement des Lumières. Au total, 417 missionnaires de 15 pays, dont 145 premiers missionnaires et leurs familles, sont enterrés ici, ainsi que 555 tombes de personnes qui ont travaillé à la modernisation de la Corée.

5 min à pied, 320m de la SORTIE #7

Google Maps

TOUS LES JOURS 10h00 - 17h00
FERMÉ LE DIMANCHE

yanghwajin.net

Sanctuaire des martyrs de Jeoldusan
절두산 성지

Mapo-gu, Tojeong-ro 6
서울 마포구 토정로 6

Traduit littéralement par "montagne de la décapitation", il s'agit du lieu de la persécution de Byeongin en 1866. Selon l'histoire, jusqu'à 2.000 catholiques coréens ont perdu la vie, dont 27 ont été déclarés saints. Le musée situé à côté de la chapelle expose encore quelques-uns des instruments de torture de l'époque. Le pape Jean-Paul II l'a visitée en 1984 et Mère Teresa en 1985. C'est un lieu vraiment inspirant, que vous soyez catholique ou non. Le dimanche est le meilleur moment pour le visiter, car de nombreuses réunions de prière ont lieu sur le site.

7 min à pied, 482m de la SORTIE #7

Google Maps

TOUS LES JOURS 9h30 - 17h00
FERMÉ LE LUNDI

www.jeoldusan.or.kr

(238)=(622) HAPJEONG 합정

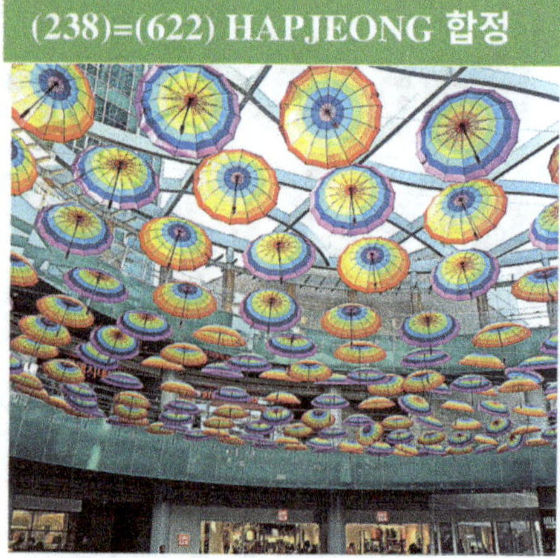

Mecenatpolis Mall
메세나폴리스몰

Mapo-gu, Yanghwa-ro 45
서울 마포구 양화로 45

Il s'agit d'un complexe résidentiel et commercial tout en hauteur de 34 étages en surface et de sept étages en sous-sol. Dans le complexe résidentiel, vous trouverez des installations culturelles telles que le Lotte Cinema et Homeplus, plusieurs restaurants, cafés, centres commerciaux et centres d'art, ce qui vous permettra de faire du shopping et de manger facilement. Le métro est également à proximité, ce qui facilite vos déplacements.

NAVER MAP

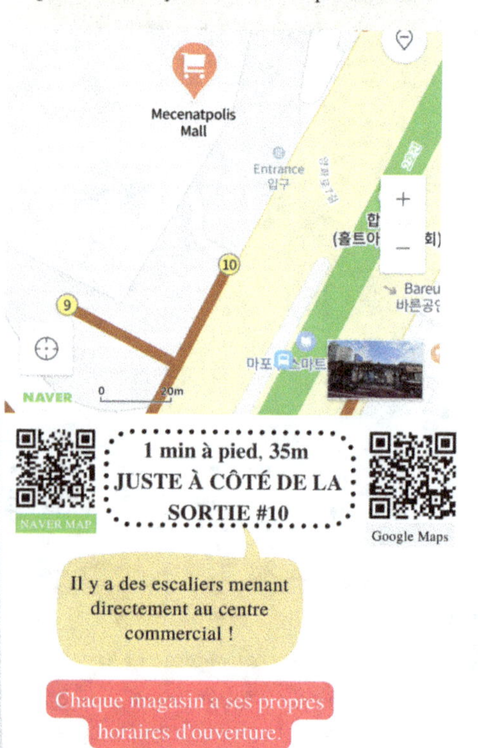

1 min à pied, 35m
JUSTE À CÔTÉ DE LA SORTIE #10

Google Maps

Il y a des escaliers menant directement au centre commercial !

Chaque magasin a ses propres horaires d'ouverture.

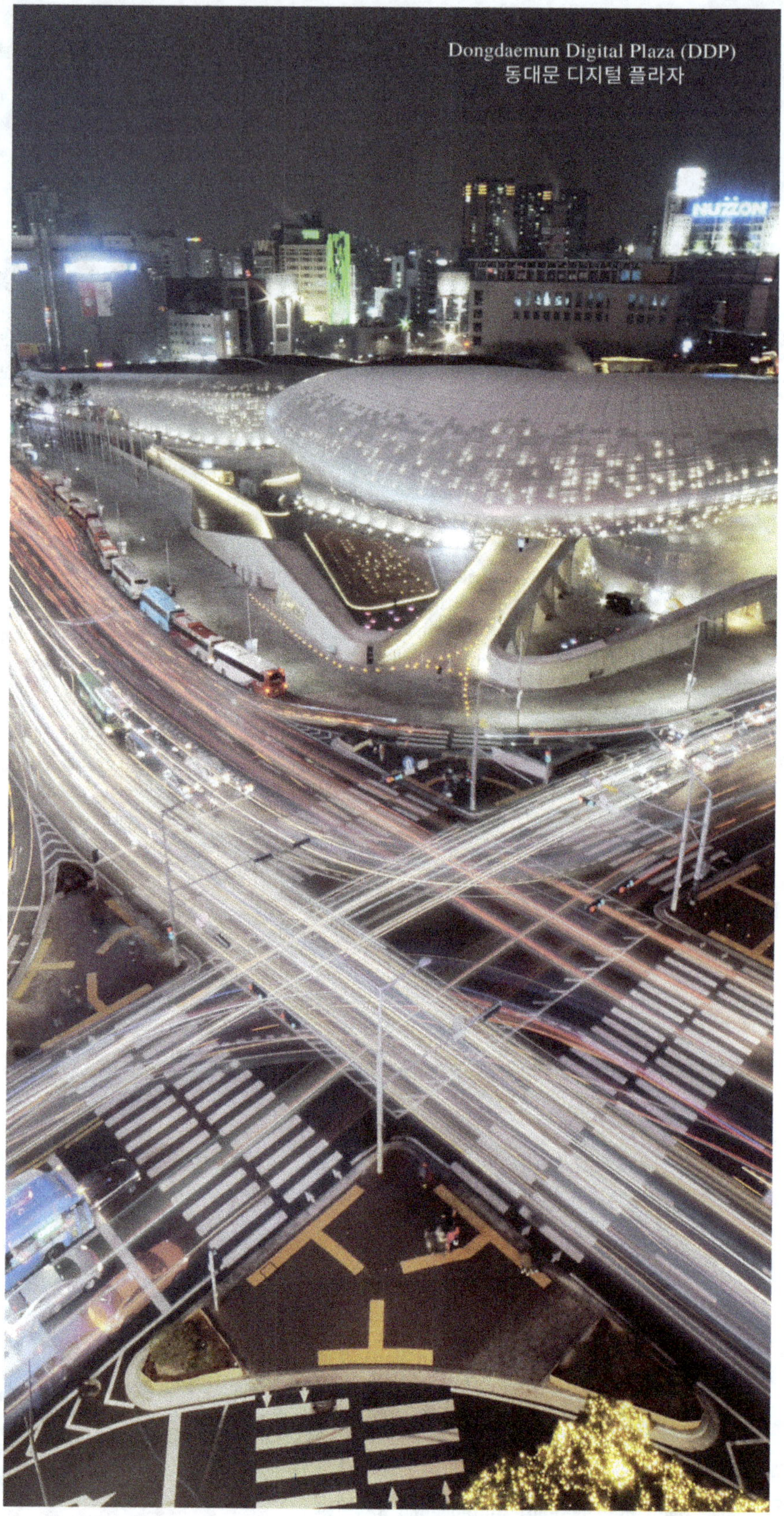

Dongdaemun Digital Plaza (DDP)
동대문 디지털 플라자

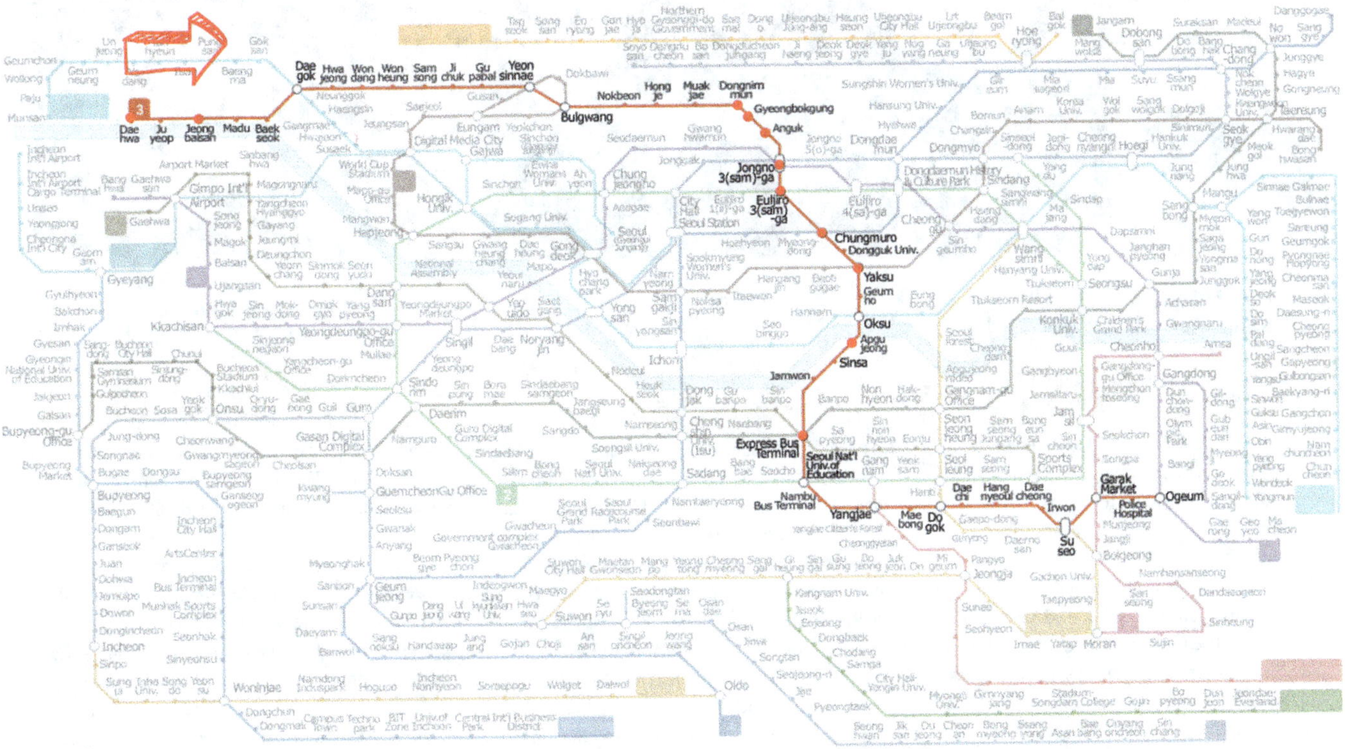

(309) DAEHWA (KINTEX) 대화

- Korea International Exhibition Center (KINTEX) 일산 킨텍스

(311) JEONGBALSAN 정발산

- Parc du lac Ilsan 일산 호수공원

(326) DONGNIMMUN 독립문

- Prison de Seodaemun 서대문 형무소
- Porte de Dongnimmun 독립문

- Palais de Gyeongbokgung 경복궁
- Cheongwadae 청와대

(328) ANGUK 안국

- Musée national d'art populaire de Corée 국립민속박물관
- Palais de Changgyeonggung 창덕궁
- Palais de Changdeokgung 창경궁
- Le village de Bukchon Hanok 북촌 한옥마을
- Rue du café Samcheongdong 삼청동 카페 거리
- Insadong Ssamzi Gil (quartier commerçant de l'artisanat) 인사동 쌈지길

(329)=(534)=(130) JONGNO 3(SAM)-GA 종로 3가

- Parc Tapgol 탑골공원
- Sanctuaire royal de Jongmyo 종묘
- Hall des instruments de Nagwon 낙원악기상가

(330)=(203) EULJIRO 3(SAM)-GA 을지로 3가

- Église presbytérienne de Youngnak 영락교회

(331)=(423) CHUNGMURO 충무로

- Village de Namsangol Hanok 남산골 한옥 마을

(332) DONGGUK UNIVERSITY 동대입구

- Ruelle Jokbal (pieds de porc cuits à la vapeur) 장충동 족발 골목

(336) APGUJEONG 압구정

- K-Star Road 케이스타 로드
- Route du rodéo d'Apgujeong 압구정 로데오 거리
- Sinsadong Garosu-gil (Rue) 신사동 가로수길

(339)=(734)=(923) EXPRESS BUS TERMINAL 고속터미널

- GOTO Mall (complexe commercial du terminal de métro de Gangnam) 고투몰
- Sevit Seom (Ile flottante) 세빛섬
- Central City 센트럴 시티

- En 2010, elle a enregistré la deuxième plus forte consommation de données Wi-Fi de la région métropolitaine de Séoul.
- Nombre de stations: 44
- Stations terminales : Daehwa / Ogeum

Korea International Exhibition Center (KINTEX) 일산 킨텍스

Goyang-shi, Ilsanseo-gu, Kintex-ro 217-60
경기 고양시 일산서구 킨텍스로 217-60

Le KINTEX est le plus grand centre d'exposition et de congrès de Corée et le quatrième d'Asie en termes de surface d'exposition. Le premier hall d'exposition est composé d'un sous-sol et de deux rez-de-chaussée, et le deuxième hall d'exposition est composé d'un sous-sol et de 15 rez-de-chaussée. Il comprend plusieurs magasins d'alimentation et de boissons ainsi que des installations annexes. Il est recommandé de vérifier et de visiter les événements en cours sur le site web.

12 min à pied, 702m de la SORTIE #2

Consultez le calendrier des événements pour connaître les heures d'ouverture.

www.kintex.com

Parc du lac Ilsan 일산 호수공원

Goyang-shi, Ilsandong-gu, Hosu-ro 731
경기 고양시 일산동구 호수로 731

Le parc du lac Ilsan est un parc de quartier créé dans le cadre du projet de construction de logements Ilsan New Town. C'est le plus grand lac artificiel de Corée et il offre des écosystèmes qui ne sont pas accessibles aux citadins. En particulier, le sentier de randonnée de 9,1 km, dont la piste cyclable de 4,7 km et la Metasequoia Road, qui font le tour du lac, offrent une grande valeur récréative. Le parc abrite également diverses installations culturelles écologiques telles qu'un centre d'apprentissage écologique de la nature, de l'art sculptural et une salle d'exposition de cactus. Chaque année, le parc accueille la Goyang International Flower Fair, l'Autumn Flower Festival et le Lake Flowerlight Festival. C'est également un lieu très prisé des touristes.

9 min à pied, 602m de la SORTIE #2

www.goyang.go.krpark/index.do

Prison de Seodaemun 서대문 형무소

Seodaemun-gu, Tongil-ro 251
서울 서대문구 통일로 251

Construite à la fin de l'Empire coréen sous la pression de l'Empire japonais, la prison de Seodaemun a été pendant plus de 80 ans un lieu où les rigueurs et les ressentiments nationaux de l'histoire moderne et contemporaine de la Corée sont restés profondément gravés. Il est surtout un symbole de l'impact des Japonais sur le mouvement d'indépendance antijaponais. La forme originale de la prison de Seodaemun, où furent enfermés les patriotes opposés à l'agression japonaise, a été conservée, ce qui en fait un excellent endroit pour rendre hommage aux sacrifices des patriotes coréens et marcher sur leurs traces.

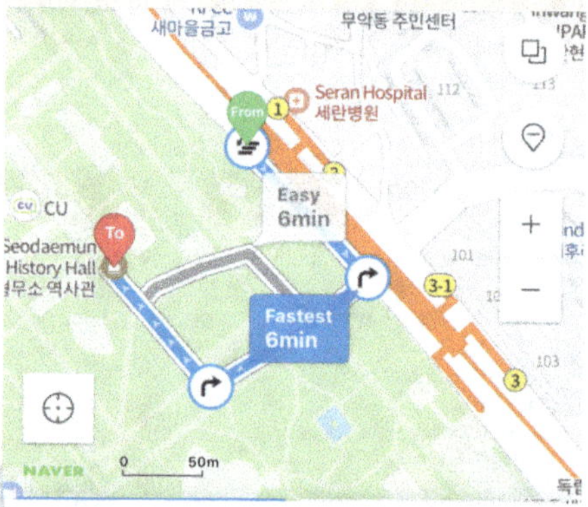

6 min à pied, 250m de la SORTIE #5

www.sscmc.or.kr

Porte de Dongnimmun
독립문

Seodaemun-gu Hyeonjeo-dong 941
서울 서대문구 현저동 941

Contrairement à la croyance populaire, la porte n'a pas été construite pour commémorer l'indépendance de la Corée de l'occupation japonaise. Elle a plutôt été érigée pour susciter un esprit d'indépendance vis-à-vis de son statut d'État tributaire de la dynastie Qing. Il a été conçu par Seo Jae-pil, sur le modèle de l'Arc de triomphe de Paris. Il a été construit par Afanasy Ivanovich Seredin-Sabatin, qui a également construit l'ancienne légation russe. Autour de la porte se trouve un parc magnifiquement aménagé qui témoigne de la fierté de la Corée en tant qu'État indépendant et souverain.

6 min à pied, 270m de la SORTIE #3

OUVERT 24 HEURES SUR 24

Palais de Gyeongbokgung
경복궁

Jongno-gu Sajik-ro 161
서울 종로구 사직로 161

Le summum de l'art et de l'architecture de la dynastie Joseon se déploie ici sous vos yeux et vous coupera définitivement le souffle.

Construit en 1395, le palais de Gyeongbokgung est le plus grand palais de la dynastie Joseon encore existant et est également considéré comme le plus beau palais. Il est également appelé Palais du Nord en raison de sa position dans la partie la plus septentrionale de Séoul. Il a été détruit par un incendie pendant la guerre Imjin contre le Japon, mais tous les bâtiments ont été reconstruits par la suite.

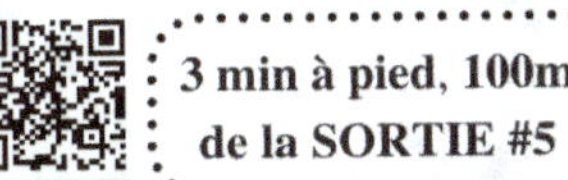

3 min à pied, 100m de la SORTIE #5

TOUS LES JOURS
9h00 - 18h00
(Dernier accès à 17h00)
De septembre à novembre
Entrée nocturne 19h00-21h30
(Vérifiez la page d'accueil avant de visiter)
(Si un jour férié national tombe un lundi, le magasin est fermé le jour suivant)

www.royalpalace.go.kr

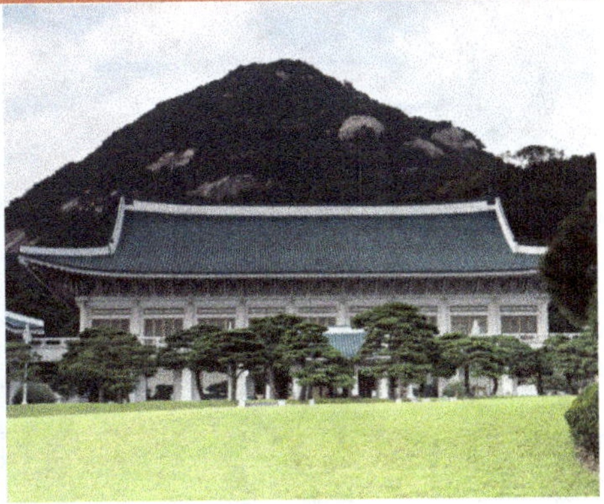

Cheongwadae
청와대

Jongno-gu Cheongwadae-ro 1
서울 종로구 청와대로 1

Elle est également connue sous le nom de "Maison bleue" en raison de ses carreaux bleus emblématiques. Jusqu'en 2022, elle était le siège du pouvoir exécutif et la résidence officielle du président sud-coréen, mais elle est désormais entièrement ouverte au public. C'est un complexe de bâtiments construit sur le site du jardin royal de la dynastie Joseon, qui s'étend sur environ 62 hectares. Avec le Mont Bugaksan en toile de fond, une visite est une expérience unique en Corée. Ne manquez pas de visiter la page d'accueil pour vous inscrire et en savoir plus sur le programme. La page de réservation n'est disponible qu'en coréen. Il se peut que vous deviez utiliser la fonction de traduction de votre navigateur.

24 min à pied, 1.4km de la SORTIE #3

Visitez la page d'accueil pour les dernières informations.

reserve.opencheongwadae.kr

La page de réservation n'est disponible qu'en coréen. Il se peut que vous deviez utiliser la fonction de traduction de votre navigateur.

Musée national d'art populaire de Corée 국립민속박물관

Jongno-gu, Samcheong-ro 37
서울 종로구 삼청로 37

Situé dans le palais de Gyeongbokgung, ce musée a été créé par le gouvernement américain et a ouvert ses portes en 1946. Après la fusion avec le Musée national de Corée, les 4 555 artefacts ont été transférés au Mont Namsan. En 1993, il a ouvert ses portes à son emplacement actuel. Avec plus de 98.000 artefacts, il illustre l'histoire de la vie traditionnelle du peuple coréen ordinaire. Si vous vous rendez à Gyeongbokgung, vous devez absolument prendre le temps de visiter ce musée unique. Il crée un fort contraste entre la vie du sang royal et celle du bas peuple.

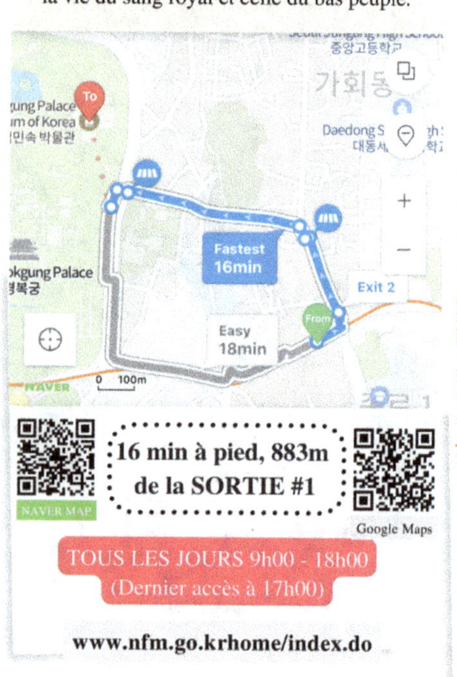

16 min à pied, 883m de la SORTIE #1

TOUS LES JOURS 9h00 - 18h00
(Dernier accès à 17h00)

www.nfm.go.krhome/index.do

Palais de Changdeokgung 창덕궁

Jongno-gu Yulgok-ro 99
서울 종로구 율곡로 99

PATRIMOINE DU MONDE DE L'UNESCO
- Le palais, qui signifie "vertu florissante", conserve de nombreux éléments des Trois Royaumes de Corée et se distingue par son style de son voisin plus moderne, le palais de Gyeongbokgung. Il était la construction préférée de nombreux princes de la dynastie Joseon, mais seuls 30 % environ des bâtiments d'origine subsistent aujourd'hui, le reste ayant été fortement endommagé pendant l'occupation japonaise. Il est possible d'effectuer une visite guidée. Renseignez-vous sur la page d'accueil avant votre visite. Ne manquez pas de visiter le jardin arrière 후원 (Huwon), qui est relié au palais Changgyeonggung.

9 min à pied, 379m de la SORTIE #3

Fév - Mai / Sept - Oct 09h00 - 18h00
Juin - Août 9h00 - 18h30
Nov - Jan 09h00 - 17h30
(Dernier accès 1 heure avant la fermeture)
FERMÉ LE LUNDI (Si un jour férié national tombe un lundi, le magasin est fermé le jour suivant.)

www.cdg.go.kr

Palais de Changgyeonggung 창경궁

Jongno-gu Changgyeonggung-ro 185
서울 종로구 창경궁로 185

Il a été construit en 1483 comme l'un des "palais de l'est" avec le palais de Changdeok, car il était situé à l'est du palais de Gyeongbok. Il a été construit par le roi Sejong pour son père Taejong. Pendant l'occupation japonaise, un zoo, un jardin botanique et un musée ont été construits sur le site du palais. Cela a été considéré comme une tentative de saper symboliquement le statut royal de la dynastie. Ils ont été retirés en 1984. Il est plus petit que les autres palais de Séoul, mais les magnifiques jardins compensent largement. Une promenade dans le parc est très relaxante. *Vous pouvez commencer par le palais Changdeokgung et passer par le jardin arrière 후원 (Huwon).

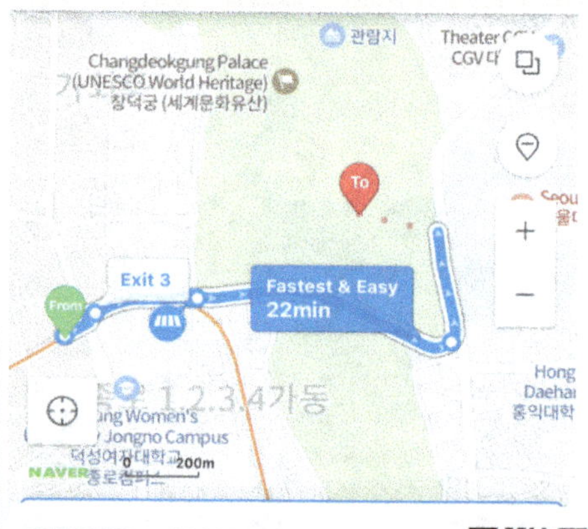

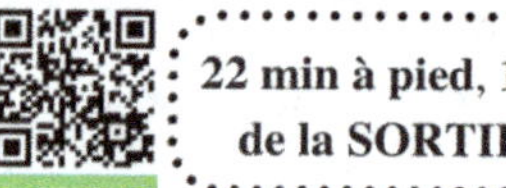

22 min à pied, 1.3km de la SORTIE #3

TOUS LES JOURS 9h00 - 21h00
FERMÉ LE LUNDI

cgg.cha.go.kr

Le village de Bukchon Hanok
북촌 한옥마을

Jongno-gu, Gahoe-dong 31-48
서울 종로구 가회동 31-48

Il est également appelé Yangbanchon ("village des nobles"), car la plupart de ces maisons de haut rang ont été habitées par des rois, des aristocrates et des bureaucrates sous la dynastie Joseon. En 2001, la municipalité de Séoul a mis en place le projet de conservation de Bukchon afin d'améliorer Hanok et le paysage environnant.

En 2009, l'UNESCO lui a décerné le prix d'excellence du patrimoine Asie-Pacifique. C'est l'endroit où vous pouvez ressentir l'essence de la culture traditionnelle coréenne à Séoul, et aujourd'hui encore, des gens vivent dans le village et le préservent. De là, vous pouvez voir la montagne Bukaksan au nord et la montagne Namsan au sud, d'où vous avez une excellente vue. Promenez-vous dans les ruelles labyrinthiques et ressentez la beauté du hanok traditionnel.

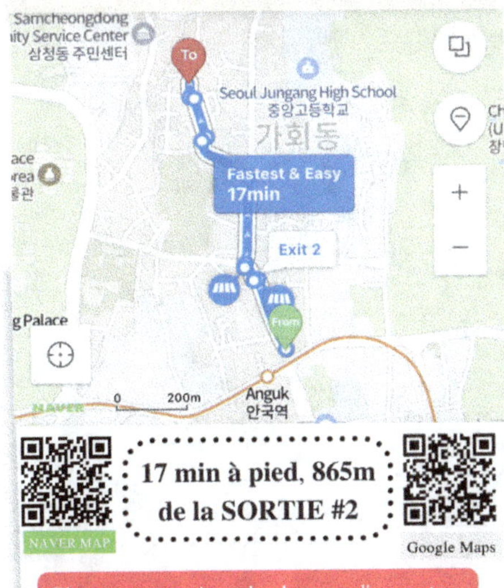

17 min à pied, 865m de la SORTIE #2

Chaque magasin a des heures d'ouverture différentes, mais la plupart ouvrent le matin.

bukchon.seoul.go.kr

Rue du café Samcheongdong
삼청동 카페 거리

Jongno-gu, Samcheong-ro 102
서울 종로구 삼청로 102

Si vous vous rendez au palais de Gyeongbokgung à Séoul, vous vivrez une expérience inoubliable en vous promenant et en regardant à l'arrière dans la rue Samcheongdong-gil. La rue Samcheongdong-gil est plutôt élégante et animée, avec ses boutiques et ses cafés. Les cafés en plein air et les boutiques sont très proches les uns des autres, et la rue est l'un des lieux de rendez-vous les plus populaires en Corée. Vous pouvez voir de nombreux bâtiments hanok, ainsi que des gens qui montent et descendent des bus de village à la station. C'est également l'une des attractions touristiques les plus populaires auprès des étrangers.

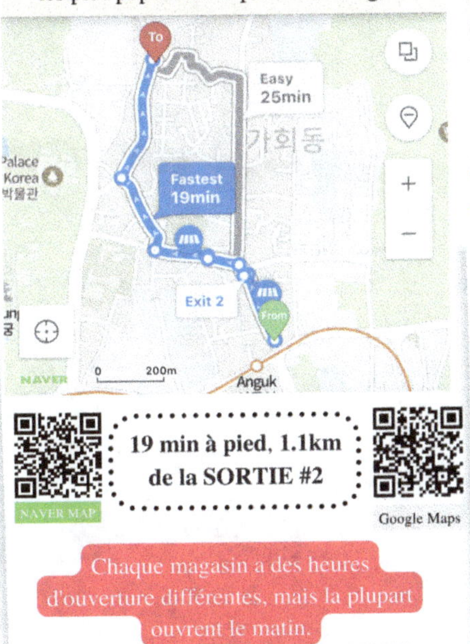

19 min à pied, 1.1km de la SORTIE #2

Chaque magasin a des heures d'ouverture différentes, mais la plupart ouvrent le matin.

Insadong Ssamzi Gil (quartier commerçant de l'artisanat) 인사동 쌈지길

Jongno-gu Insadong-gil 44
서울 종로구 인사동길 44

C'est ici que le passé rencontre le présent. C'est l'un des endroits les plus populaires pour les touristes à la recherche d'antiquités et de marchandises traditionnelles. Le long de la rue principale, vous trouverez d'innombrables magasins, galeries, restaurants traditionnels et maisons de thé. De nombreuses galeries sont spécialisées dans les peintures et sculptures traditionnelles coréennes. Le simple fait de "faire du lèche-vitrines" dans les ruelles est une expérience amusante. C'est l'un des meilleurs endroits pour acheter des souvenirs. Il y a beaucoup de superbes galeries d'art à voir. Cependant, après le coucher du soleil, il n'y a plus beaucoup d'activité.

9 min à pied, 304m de la SORTIE #6

TOUS LES JOURS 10h30 - 20h30
Fermé sur Seollal et Chuseok

Parc Tapgol
탑골공원

5 min à pied, 338m de la SORTIE #1

Sanctuaire royal de Jongmyo
종묘

3 min à pied, 299m de la SORTIE #11

Hall des instruments de Nagwon
낙원악기상가

2 min à pied, 146m de la SORTIE #5

Ces lieux ont déjà été présentés dans les pages précédentes.

Église presbytérienne de Youngnak
영락교회

8 min à pied, 324m de la SORTIE #6

Ce lieu a déjà été présenté dans les pages précédentes.

Village de Namsangol Hanok
남산골 한옥 마을

Jung-gu, Toegye-ro 34-gil 28
서울 중구 퇴계로34길 28

C'est ici que se trouvait une célèbre retraite de l'ère Joseon, considérée comme l'un des 5 plus beaux quartiers de Séoul. Il se compose d'un jardin traditionnel coréen avec un ruisseau qui coule et un pavillon qui fait revivre le sentiment du passé. Il y a 5 maisons traditionnelles coréennes restaurées (hanok), un pavillon et un étang. Il y a de nombreuses activités comme le neolttwigi (saut à bascule), le tuho (fléchettes) et le yutnori (jeu de société traditionnel). Vous pouvez y participer gratuitement. Le week-end, la résidence Bak Yeong Hyo accueille une reconstitution de la cérémonie de mariage traditionnelle. Dans l'ensemble, c'est une collection d'architecture traditionnelle qui donne un aperçu de la culture coréenne.

6 min à pied, 306m de la SORTIE #4

TOUS LES JOURS 9h00 - 21h00
FERMÉ LE LUNDI

www.hanokmaeul.or.kr

Ruelle Jokbal (pieds de porc cuits à la vapeur) 장충동 족발 골목

Jung-gu, Jangchungdan-ro 174
서울 중구 장충단로 174

Comme le zampone (italien), le crubeens (irlandais), le pied de cochon (français), le jokbal est l'interprétation coréenne du pied de porc cuit avec de la sauce soja et des épices. C'est le plat préféré des Coréens, qu'ils associent au soju. Il est également très apprécié des filles car il est riche en collagène, qui est censé améliorer la structure de la peau. Les hommes l'apprécient parce qu'il est connu pour être un remède efficace contre la gueule de bois. Toute la ruelle est remplie de restaurants qui servent des plats de jokbal.

3 min à pied, 172m de la SORTIE #2

Chaque magasin a des heures d'ouverture différentes, mais la plupart ouvrent le matin.

K-Star Road
케이스타 로드

Gangnam-gu, Apgujeong-ro 394
서울 강남구 압구정동 394

Il n'est pas exagéré de dire que Gangnam, qui a attiré l'attention du monde entier avec le "Gangnam Style" de Psy, est à l'origine de la culture hallyu. Gangnam était une région coréenne à la pointe des tendances, où se trouvent plus de la moitié des agences de divertissement coréennes et où sont nées de nombreuses stars du hallyu. Pour commémorer cela, la K-Star Road a été reconstruite à Cheongdam-dong. Le long de la rue, vous rencontrerez une série de Gangnam Dols, un mot valise composé de "Gangnam" et "idole" et "poupée", car il y a 17 statues en forme d'ours à taille humaine avec les images symboliques des stars de BTS, Super Junior, EXO et Girls' Generation. En continuant votre chemin, vous passerez également devant la zone abritant les agences de divertissement K-pop comme JYP Entertainment et Cube Entertainment.

Route du rodéo d'Apgujeong
압구정 로데오 거리

Gangnam-gu, Apgujeong-ro 46-gil 30
서울 강남구 압구정로 46길 30

Au début des années 90, elle était le centre de la mode et le terrain de jeu de la jeune génération, qui voulait s'affranchir de l'ordre et des valeurs de ses aînés. Autrefois célèbre pour les enfants de familles riches qui conduisaient des voitures importées et portaient des vêtements de marque haut de gamme, un peu comme Beverly Hills Rodeo Street, elle est maintenant devenue un lieu représentatif de différentes cultures de jeunes et de tendances high-tech. Vous y trouverez des magasins de marques de luxe, des boutiques de vêtements de marque propre et des magasins de chaussures. Les magasins de dermatologie, de chirurgie plastique et de soins capillaires abondent également. De plus, il y a beaucoup de restaurants et d'attractions qui se sont répandus de bouche à oreille parmi les jeunes, il y a donc de nombreuses possibilités de satisfaire vos papilles.

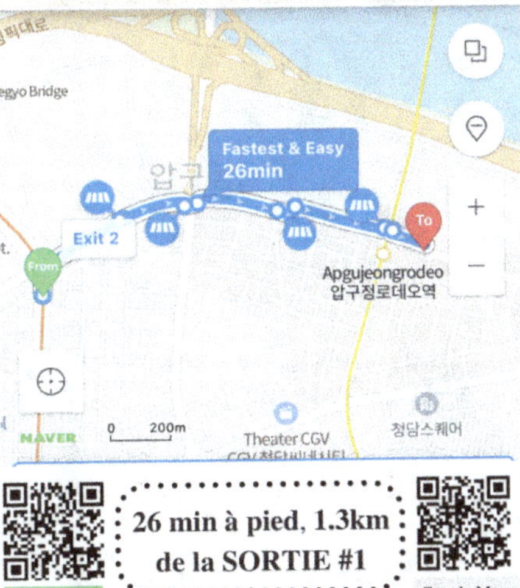

26 min à pied, 1.3km de la SORTIE #1

OUVERT 24 HEURES SUR 24

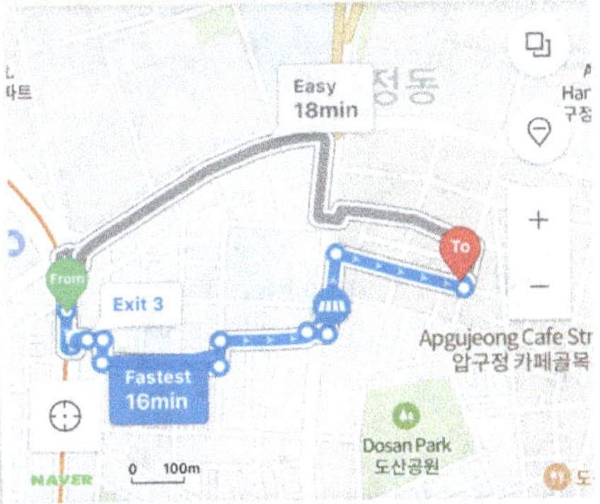

16 min à pied, 838m de la SORTIE #2

Chaque magasin a ses propres horaires d'ouverture.

Sinsadong Garosu-gil (Rue)
신사동 가로수길

Gangnam-gu, Apgujeong-ro 126
서울 강남구 압구정로 126

Garosu-gil est devenu le quartier le plus branché de Séoul ces dernières années. Auparavant, on y trouvait surtout des galeries et des boutiques de designers. Autrefois, les sociétés de cinéma venaient les unes après les autres, ainsi que les marchands de tableaux.

C'est pourquoi il y a beaucoup de vieux magasins entre les allées. Bien sûr, la tendance est maintenant aux différents magasins de mode de rue. Si vous avez un magasin préféré en vous promenant, vous pouvez y entrer et y passer un moment. Vous pouvez également trouver de jolis cafés et restaurants.

12 min à pied, 553m de la SORTIE #5

Chaque magasin a ses propres horaires d'ouverture.

GOTO Mall (complexe commercial du terminal de métro de Gangnam)
고투몰

Seocho-gu, Shinbanpo-ro 200
서울 서초구 신반포로 200

Le GOTO Mall est le plus grand centre commercial souterrain de Gangnam et se trouve au sous-sol du terminal de bus Gangnam Express. Il vend une variété d'articles qui surpassent les grands magasins, comme des vêtements, des cosmétiques, des accessoires, des articles de décoration, de l'artisanat et des fleurs. Autour de la station Gangnam Express Terminal se trouvent des établissements culturels et d'hébergement tels que le Shinsegae Department Store, le Shinsegae Central City, l'hôtel JW Marriott et le Seoul Arts Center. Le shopping est possible par tous les temps et le métro est bien desservi, ce qui permet de se déplacer dans tous les sens.

3 min à pied, 140m de la SORTIE #8-1

TOUS LES JOURS 10h00 - 22h00

gotomall.kr

Sevit Seom (Ile flottante)
세빛섬

Seocho-gu, Ollimpik-daero 2085-14
서울 서초구 올림픽대로 2085-14

Sevit Seom (île flottante), qui illumine magnifiquement la rivière Han, se compose d'un total de quatre îles artificielles avec des temples de mariage, des restaurants italiens, des buffets et des cafés et est utilisé comme un lieu pour les yachts, les bateaux pneumatiques et diverses expositions, spectacles et événements. Avec sa vue fantastique la nuit, où des lumières LED colorées et magnifiques s'harmonisent avec la rivière Han, c'est l'un des endroits les plus visités de Séoul la nuit et un lieu de tournage pour différents dramas et films. N'oubliez pas de prendre des photos dans les différents "spots photo", comme les conventions FIC, les ponts extérieurs et les observatoires sur le toit.

24 min à pied, 1.3km de la SORTIE #8-1

Chaque magasin a ses propres horaires d'ouverture.

www.somesevit.co.kr

(339)=(734)=(923) EXPRESS BUS TERMINAL 고속터미널

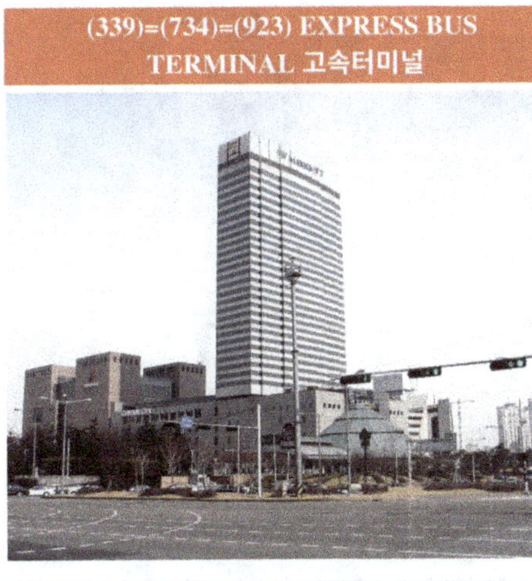

Central City
센트럴 시티

Seocho-gu, Shinbanpo-ro 176
서울 서초구 신반포로 176

C'est un méga-complexe qui comprend l'hôtel JW Marriot, la gare routière express, les lignes de métro n°3, 7, 9, le grand magasin Shinsegae, le cinéma Megabox, une librairie et la station Famille avec de nombreux restaurants. C'est l'un des endroits les plus animés de Séoul, mais cela signifie aussi qu'il y a beaucoup de choses à faire et à voir. Les magasins souterrains sont la meilleure adresse pour trouver des offres avantageuses et de bonnes affaires.

NAVER MAP

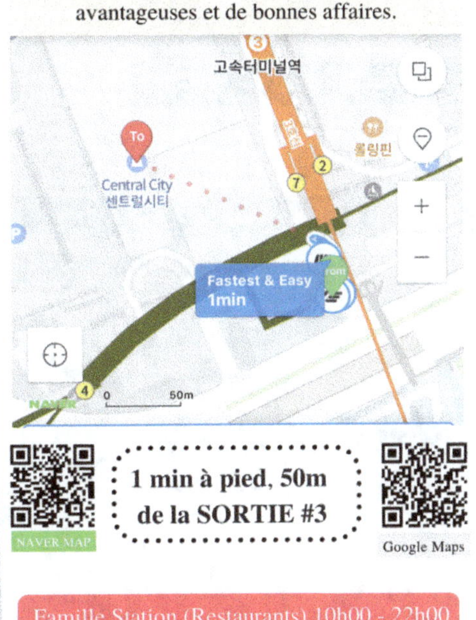

1 min à pied, 50m de la SORTIE #3

Google Maps

Famille Station (Restaurants) 10h00 - 22h00
Express Bus Terminal 5h00 - 1h00
Grand magasin Shinsegae 10h00 - 20h00
Megabox (Cinéma) 7h00 - 3h00

www.shinsegaecentralcity.com

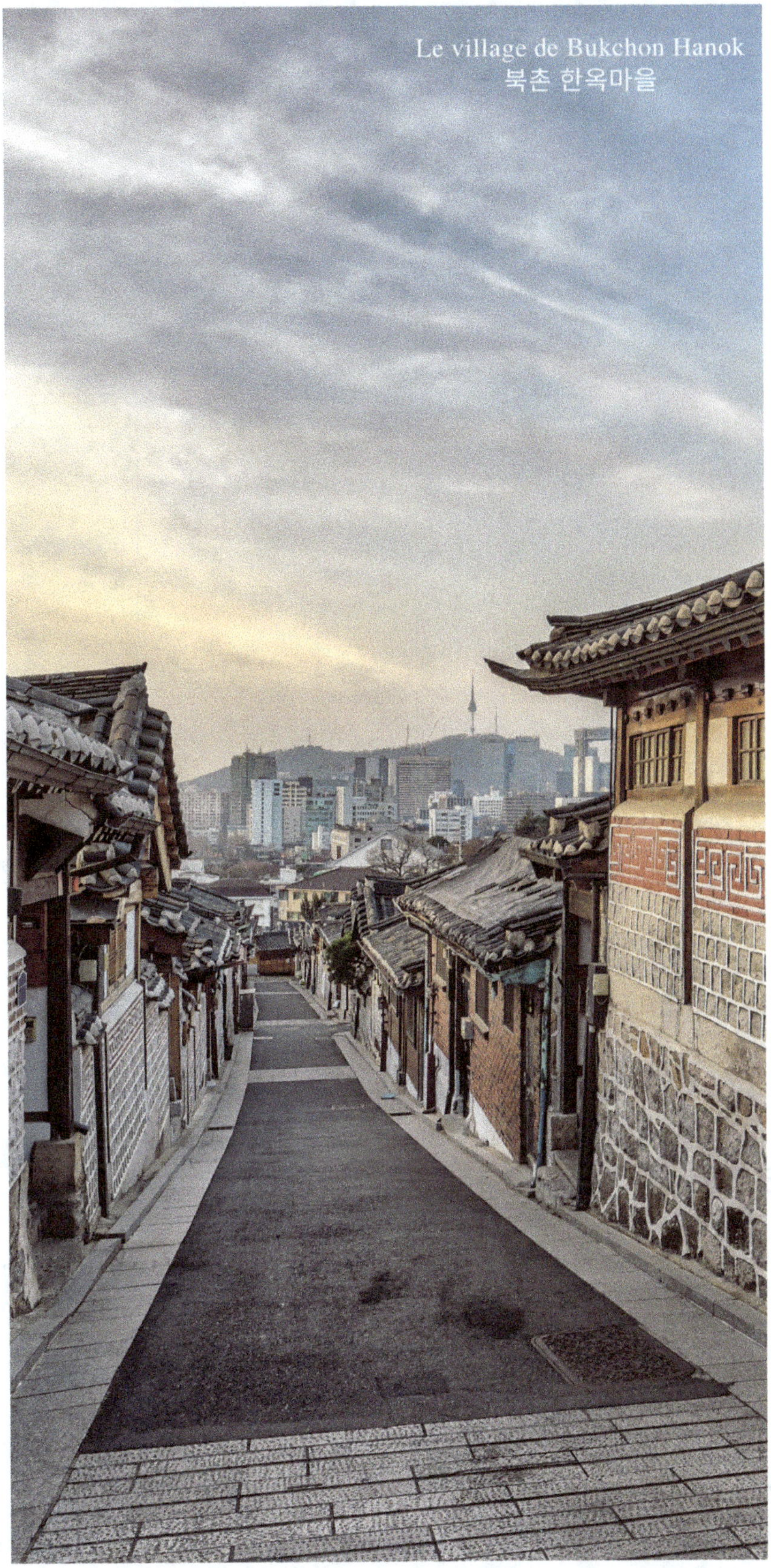
Le village de Bukchon Hanok
북촌 한옥마을

LIGNE #4 사호선 sa-ho-seon 4

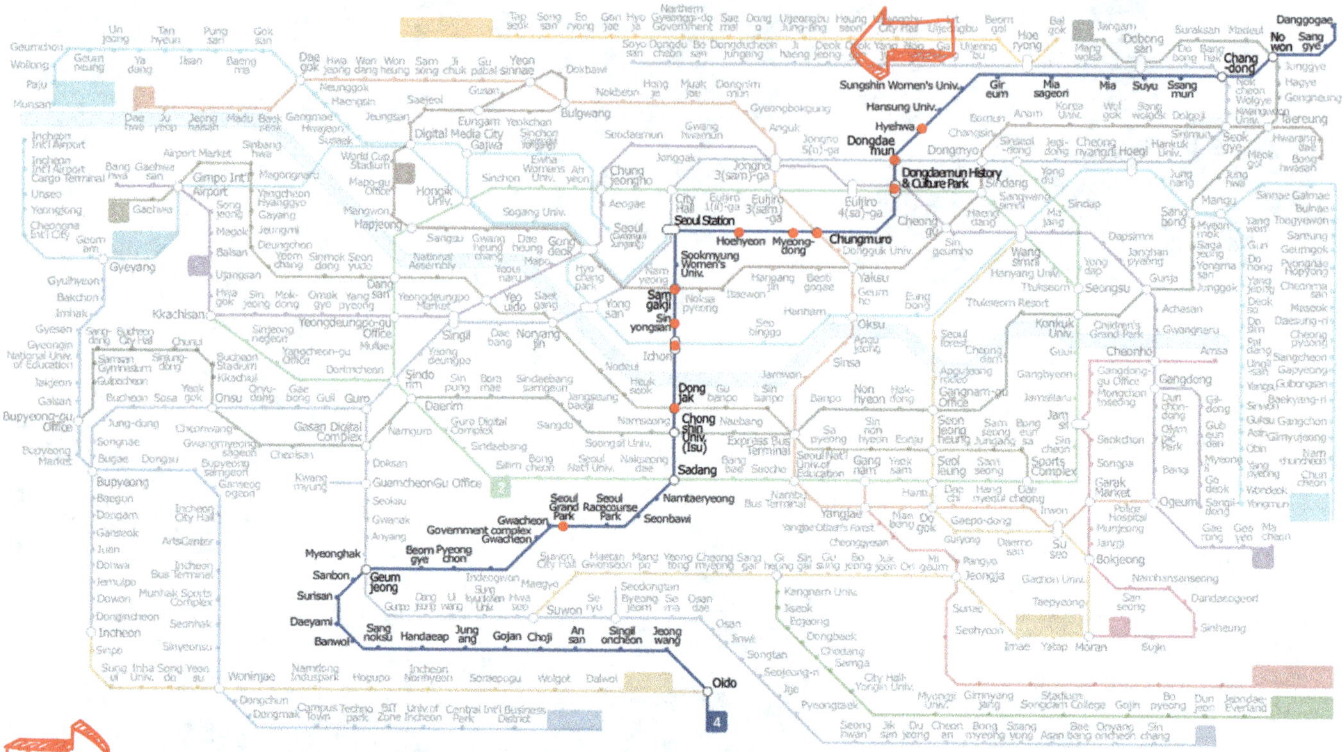

(420) HYEHWA 혜화

- Parc Marronnier
  마로니에공원

(421)=(128) DONGDAEMUN 동대문

- Parc Heunginjimun 흥인지문 공원
- Dongdaemun/Heunginjimun 동대문/흥인지문
- Cheonggyecheon 청계천

(423)=(331) CHUNGMURO 충무로

- Village de Namsangol Hanok
  남산골 한옥 마을

(424) MYEONGDONG 명동

- Myeongdong 명동
- Cathédrale catholique de Myeongdong
  명동 성당
- Namsan Seoul Tower billetterie du téléphérique
  남산 서울타워 케이블카 매표소

(425) HOEHYEON 회현

- Marché de Namdaemun 남대문 시장
- Porte de Namdaemun 남대문

(428)=(628) SAMGAKJI 삼각지

- Mémorial de guerre 전쟁기념관

(429) SINYONGSAN 신용산

- Musée d'art Amore Pacific
  아모레퍼시픽미술관

(430) ICHON 이촌

- Le Musée national de Corée 국립중앙박물관

(431)=(920) DONGJAK 동작

- Cimetière national 국립 서울 현충원

(437) GROSSER PARK VON SEOUL 대공원

- Grand parc de Séoul 서울대공원

- **Cette ligne relie le nord et le sud de Séoul.**
- **Nombre de stations: 48**
- **Terminus: Danggogae / Oido**

(420) HYEHWA 혜화

Parc Marronnier
마로니에공원

Situé dans la rue Daehangno (université), il est toujours plein d'énergie et d'inspiration. Le week-end, il peut être assez fréquenté. Nommé d'après l'arbre emblématique Marronnier (marronnier d'Inde), il abrite une multitude de centres de manifestations culturelles, d'expositions et de centres artistiques en plein air (d'où son nom de "Mecque du théâtre"), qui ont tous commencé à se développer en 1975, lorsque l'Université nationale de Séoul a quitté les lieux. Depuis, de petits théâtres et des cafés se sont installés, faisant de cette place un lieu de rencontre et de détente très apprécié. Des mentonnières, des chanteurs, des groupes de danse et des comédiens y montrent leurs talents.

1 min à pied, 93m de la SORTIE #2

Google Maps

OUVERT 24 HEURES SUR 24

(421)=(128) DONGDAEMUN 동대문

Parc Heunginjimun
흥인지문 공원

4 min à pied, 235m de la SORTIE #1

Dongdaemun/Heunginjimun
동대문/흥인지문

4 min à pied, 235m de la SORTIE #1

Cheonggyecheon
청계천

3 min à pied, 155m de la SORTIE #6

Ce lieu a déjà été présenté dans les pages précédentes.

(423)=(331) CHUNGMURO 충무로

Village de Namsangol Hanok
남산골 한옥 마을

6 min à pied, 306m de la SORTIE #4

Ce lieu a déjà été présenté dans les pages précédentes.

Myeongdong
명동

Myeongdong, qui attire environ 2 millions de personnes chaque jour, est considérée comme la "destination touristique n°1 en Corée" et peut véritablement être qualifiée de "paradis des acheteurs". Vous y trouverez une grande variété d'articles difficiles à trouver, des marques haut de gamme aux cosmétiques en passant par les souvenirs. C'est pourquoi il est devenu depuis longtemps un lieu incontournable pour les voyageurs étrangers qui visitent Séoul. La plupart des magasins ont du personnel parlant des langues étrangères. Une journée ne suffira peut-être pas pour faire le tour des rues commerçantes de Myeongdong, où l'on trouve de grands centres commerciaux, des grands magasins en hauteur, des restaurants et des cafés, ainsi que des vendeurs ambulants. C'est pourquoi de nombreux acheteurs visitent cet endroit plus d'une fois. Pendant la journée, la circulation est limitée aux touristes et aux piétons, ce qui vous permet de visiter en toute tranquillité. Un centre commercial aussi bon que celui de Myeongdong se trouve dans la ville voisine de Dongdaemun, alors n'hésitez pas à vous y rendre.

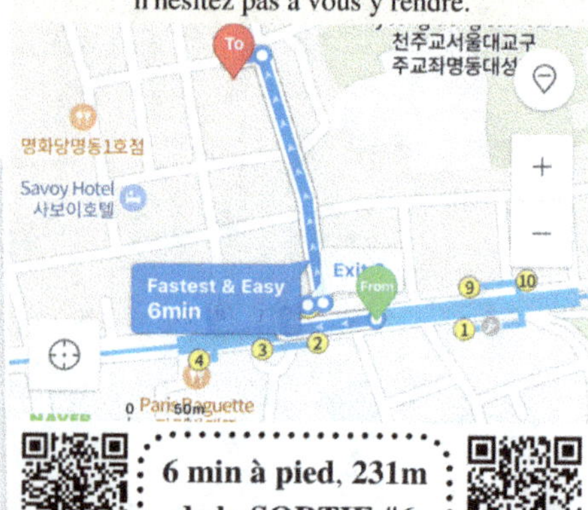

6 min à pied, 231m de la SORTIE #6

Chaque magasin a ses propres horaires d'ouverture.

Cathédrale catholique de Myeongdong
명동 성당

Située dans le centre-ville de Séoul, la cathédrale est le lieu de naissance de l'église catholique romaine en Corée. Le bâtiment principal mesure 23 mètres de haut et le clocher s'élève jusqu'à 45 mètres. Avec la pose solennelle de la première pierre par l'empereur Gojong, elle a été construite en 1892 avec 20 types différents de briques rouges et grises, cuites sur place. La construction a coûté environ 60.000 USD, financés par la Société des Missions Etrangères de Paris. Une messe en anglais est célébrée tous les dimanches à 9 heures.

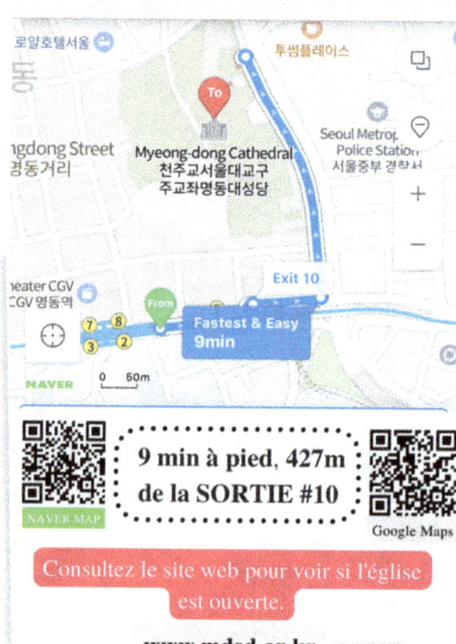

9 min à pied, 427m de la SORTIE #10

Consultez le site web pour voir si l'église est ouverte.

www.mdsd.or.kr

Namsan Seoul Tower billetterie du téléphérique
남산 서울타워 케이블카 매표소

Elle s'est imposée comme "l'île romantique" du centre-ville. La tour, haute de 236,7 mètres, est située au sommet de la montagne Namsan (262 mètres), connue depuis longtemps comme un lieu de romantisme éternel. Elle offre la meilleure vue de Séoul à 480 m d'altitude.

Symbole de Séoul, il a été choisi par les étrangers comme l'attraction touristique n°1 et est un "lieu sacré" pour les couples du monde entier qui rêvent d'amour éternel. Les "love locks" et les "heart chairs" pour les couples sont très populaires. En outre, ne manquez pas de visiter les toilettes les plus hautes de Séoul, situées au deuxième étage de l'Observatoire.

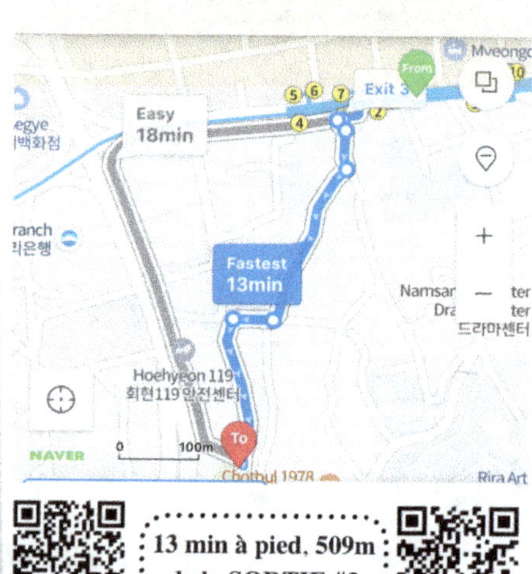

13 min à pied, 509m de la SORTIE #3

TOUS LES JOURS 10h00 - 23h00

www.cablecar.co.kr

Marché de Namdaemun
남대문 시장

C'est le plus grand marché traditionnel de Corée et un immense espace de vente fréquenté par 500 000 personnes par jour. Il joue le rôle de centre-ville depuis le milieu de la dynastie Joseon et, à l'image de sa longue histoire, il offre une grande variété de produits. Dans des endroits comme Queen Plaza et Jangti Moa, vous trouverez toutes sortes de vêtements pour adultes. Les magasins de vêtements pour enfants sont si grands qu'ils couvrent 80% du marché national des vêtements pour enfants. En outre, il existe des magasins qui vendent des ustensiles de cuisine, des produits agricoles et maritimes, des produits de consommation courante et des produits importés. La plupart des produits commercialisés ici sont fabriqués, produits et vendus par des commerçants. Les restaurants situés dans les ruelles sont également célèbres, en lien avec l'histoire du marché, le menu le plus célèbre étant le poisson braisé aux tripes. Il y a beaucoup à voir, à manger et à apprécier.

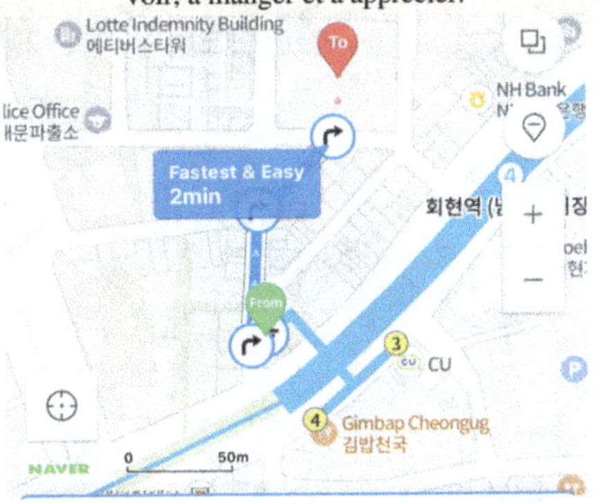

2 min à pied, 116m de la SORTIE #5

Chaque magasin a ses propres horaires d'ouverture.

www.namdaemunmarket.co.kr

Porte de Namdaemun
남대문

Officiellement connue sous le nom de Sungnyemun, c'est le trésor national n°1 de la Corée et l'une des 8 portes de la muraille fortifiée de la dynastie Joseon qui entourait la ville de Séoul. Elle a été construite pour la première fois la dernière année du roi Taejo en 1398 et reconstruite en 1447. La différence la plus frappante de cette porte est la plaque sur laquelle son nom est écrit verticalement, alors qu'il est écrit horizontalement sur les autres portes. La porte Pagode en bois située au sommet a été détruite par un incendie en 2008 et restaurée en 2013. C'est une porte majestueuse en plein cœur de Séoul, qui mérite un petit arrêt, surtout si vous êtes dans le quartier du marché de Myeong-dong ou de Namdaemun.

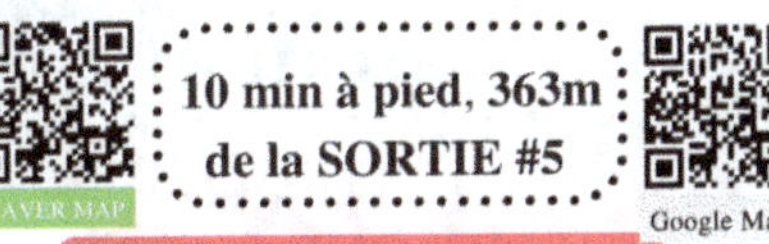

10 min à pied, 363m de la SORTIE #5

OUVERT 24 HEURES SUR 24

Mémorial de guerre
전쟁기념관

Il a été érigé en 1994 par la War Memorial Service Korea Society pour commémorer les héros tombés pendant la guerre de Corée (1950-1953). Ce grand musée abrite plus de 33.000 artefacts, dont environ 10.000 sont exposés dans les cinq salles à l'intérieur et à l'extérieur : Expeditionary Forces Room, Patriotic Memorial Room, War History Room, 6.25 Korean War Room, Development Hall et Large Machinery Room. C'est un immense musée remarquablement conçu, avec des expositions étonnantes qui reconstituent le chapitre le plus tragique et le plus important de l'histoire coréenne. Et le tout gratuitement.

4 min à pied, 262m de la SORTIE #12

TOUS LES JOURS 9h30 - 18h00
FERMÉ LE LUNDI (Si un jour férié national tombe un lundi, le magasin est fermé le jour suivant)

www.warmemo.or.kr

Musée d'art Amore Pacific
아모레퍼시픽미술관

Yongsan-gu Hangang-daero 100
서울 용산구 한강대로 100

L'Amore Pacific Museum of Art est un musée d'art récemment ouvert au nouveau siège d'Amore Pacific à Yongsan, qui a pour vocation de devenir un "espace ouvert pour découvrir la beauté au quotidien" et communiquer avec le public. La salle d'exposition du premier sous-sol accueillera plusieurs expositions programmées, couvrant à la fois l'art ancien, contemporain et coréen. Au premier étage du spacieux "atrium", qui s'étend du premier au troisième étage au-dessus du sol, se trouvent un hall d'entrée du musée d'art, une boutique du musée, une salle d'exposition "APMA Cabinet" et une bibliothèque d'exposition (apLAP).

2 min à pied, 84m de la SORTIE #2

TOUS LES JOURS 10h00 - 18h00
(Dernier accès à 17h30)
FERMÉ LE LUNDI

apma.amorepacific.com

Le Musée national de Corée
국립중앙박물관

Yongsan-gu, Seobinggo-ro 137
서울 용산구 서빙고로 137

Le Musée national de Corée, in dem die Essenz der koreanischen Geschichte und Kultur lebt, ist die beliebteste Schatzkammer Koreas. Mit Ausstellungen und Bildungsangeboten erzählt es die Geschichte von 420.000 Sammlungen aus Tausenden von Jahren, von einfachen Faustkeilen aus der Altsteinzeit bis hin zu den farbenfrohen Goldkronen aus der Zeit der Drei Reiche, Celadon aus der Goryeo-Dynastie, Gemälden aus der Joseon-Dynastie, modernen Fotografien und Weltkulturzentren. Es bietet realistische digitale Videos und VR-Erlebnisse für ein noch lebendigeres Erlebnis. Ein Tag im National Museum of Korea ist ein ganz besonderes Erlebnis.

3 min à pied, 308m de la SORTIE #2

LUN/MAR/JEU/VEN/DIM - 10h00 - 18h00
(Dernier accès à 17h30)
MER/SAM - 10h00 - 21h00
(Dernier accès à 20h30)

www.museum.go.kr

Cimetière national
국립 서울 현충원

Dongjak-gu Hyeonchung-ro 210
서울 동작구 현충로 210

Pendant la guerre de Corée, 104 000 soldats sont morts, mais beaucoup de leurs corps n'ont jamais été retrouvés, tout comme les restes d'environ 7 000 soldats inconnus dont les corps ont été retrouvés. Les dépouilles de plus de 54.000 patriotes tombés au combat ont été enterrées dans des cimetières divisés en plusieurs sections : Tombes de soldats, de policiers, de citoyens méritants et de personnages clés du gouvernement provisoire. Chaque année, le 6 juin (Memorial Day), des services commémoratifs et des événements sont organisés au cimetière national de Séoul pour rendre hommage à ces valeureux patriotes. C'est un cimetière impeccablement entretenu avec un paysage impressionnant. Il se prête non seulement à une leçon d'histoire, mais aussi à une agréable promenade. Il est extrêmement fréquenté le 6 juin, jour de commémoration en Corée.

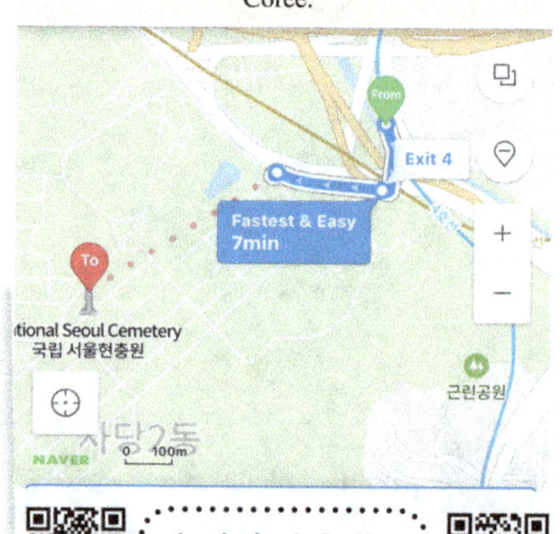

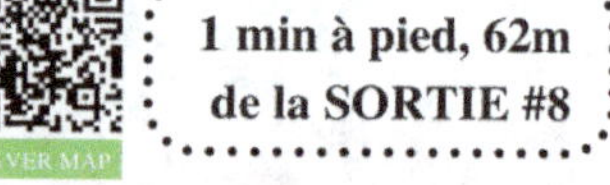

1 min à pied, 62m de la SORTIE #8

TOUS LES JOURS 6h00 - 18h00

www.snmb.mil.kr

(437) SEOUL GRAND PARK 대공원

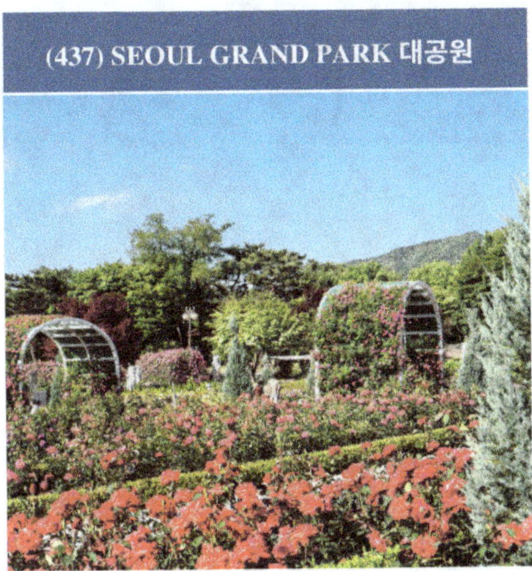

Grand parc de Séoul
서울대공원

Gwacheon-si Daegongwongwangjang-ro 102
경기 과천시 대공원광장로 102

Premier zoo de Corée, il a été construit en 1909 par l'occupant japonais au milieu de l'ancien palais royal de Changgyeonggung. En 1984, il a été déplacé à son emplacement actuel. Aujourd'hui, il abrite près de 3 000 animaux et 350 espèces du monde entier, ce qui en fait le dixième plus grand du monde. Les installations comprennent des collines, des sentiers de randonnée, le zoo de Séoul Grand Park, le zoo pour enfants, la roseraie, le parc du musée terrestre de Séoul et le musée d'art moderne de Séoul. N'oubliez pas de prendre des chaussures confortables, car vous pourriez avoir besoin de toute la journée pour explorer les lieux.

NAVER MAP

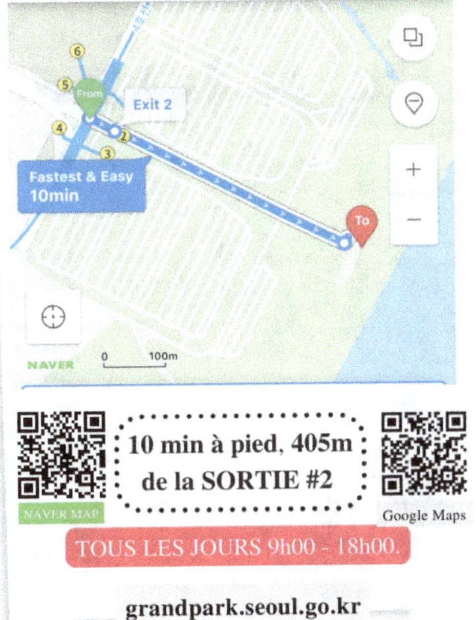

10 min à pied, 405m de la SORTIE #2

Google Maps

TOUS LES JOURS 9h00 - 18h00.

grandpark.seoul.go.kr

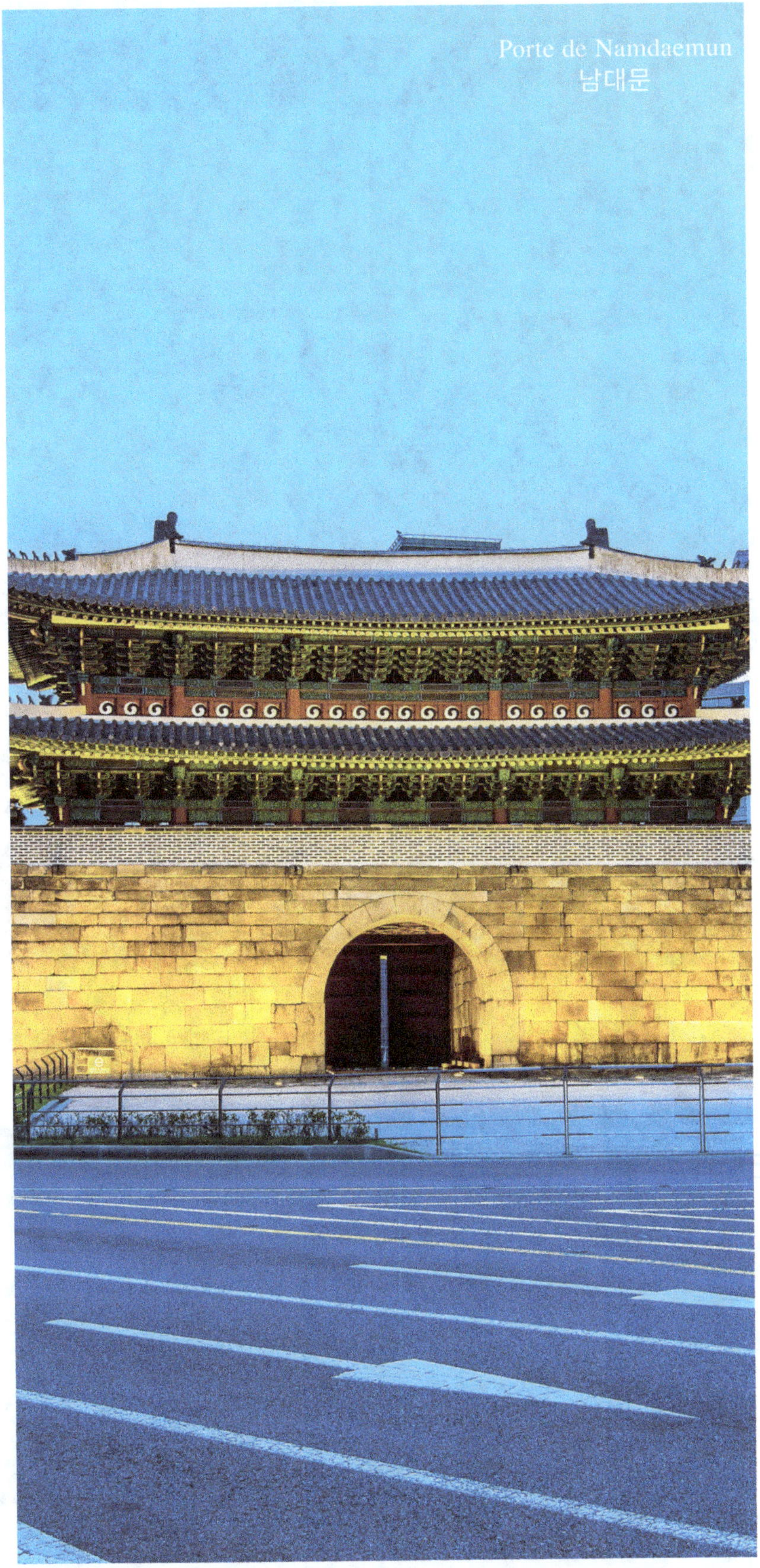

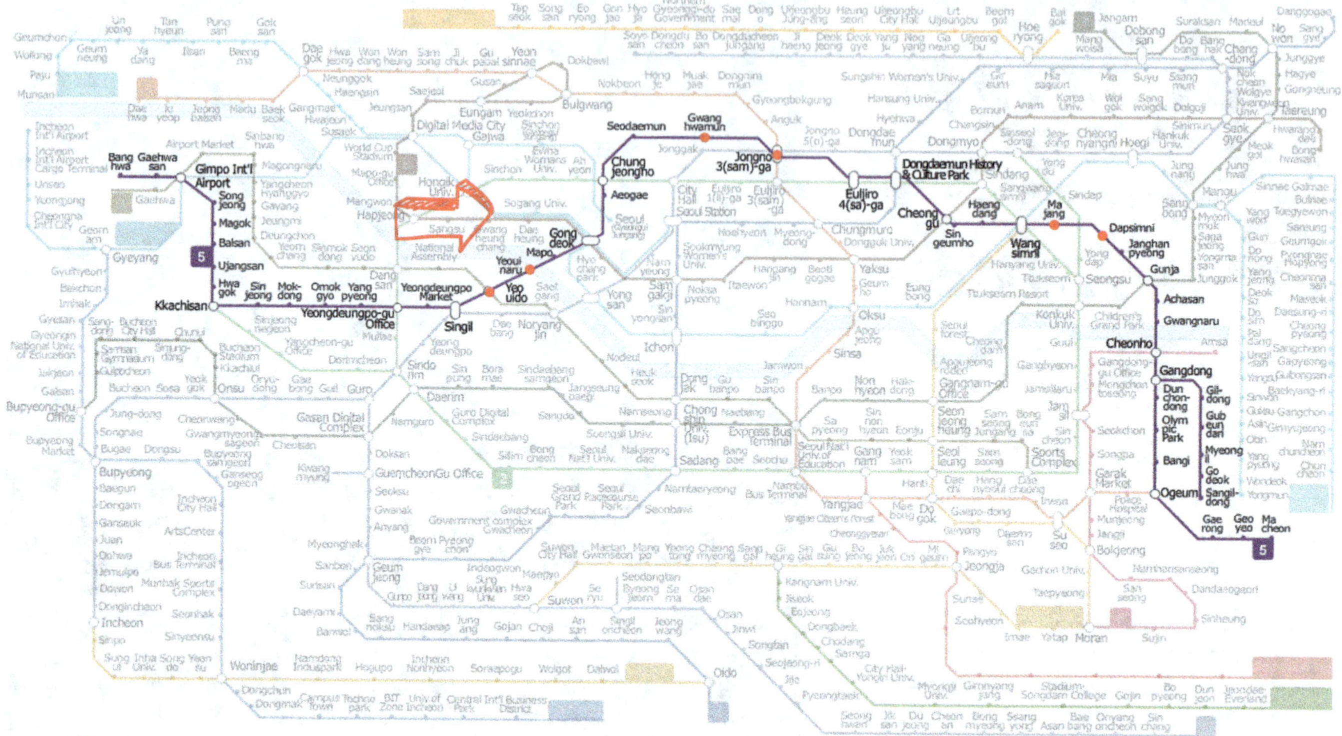

(525)=(915) YEOUIDO 여의도

- IFC Mall IFC 몰
- Parc Yeouido 여의도공원

(527) YEOUINARU 여의나루

- 63 Square 63 스퀘어

(533) GWANGHWAMUN 광화문

- Place Gwanghwamun 광화문광장
- Mugyodong Nakji (poulpe) 무교동 낙지
- Musée d'histoire de Séoul 서울역사박물관
- Centre Sejong des arts du spectacle 세종문화회관

(534)=(329)=(130) JONGNO 3(SAM)-GA 종로3가

- Parc Tapgol 탑골공원
- Sanctuaire royal de Jongmyo 종묘
- Hall des instruments de Nagwon 낙원악기상가

(541) MAJANG 마장

- Rue de la viande de Majangdong 마장동 고기 골목

(542) DAPSIMNI 답십리

- Route de l'art antique de Dapsimni 답십리 고미술 상가

- **Il s'agit d'une longue ligne qui va de l'ouest à l'est de Séoul en traversant la rivière Han.**
- **Troisième plus long tunnel de métro au monde (52,3 km).**
- **Nombre de stations: 51**
- **Terminus: Banghwa Sangil-dong / Macheon**

IFC Mall
IFC 몰

Yeongdeungpo-gu Gukjegeumyung-ro 10
서울 영등포구 국제금융로 10

Il s'agit d'un bâtiment de 17 mètres de haut avec des pavillons en verre qui prétend être un "tout nouveau centre commercial de standard international", où vous pouvez profiter de couloirs modernes et spacieux avec beaucoup de lumière naturelle. Vous y trouverez de nombreuses marques de mode mondiales telles que GAP, Guess, Giordano, H&M, Hollister et Lacoste, ainsi que des marques locales. Vous y trouverez également un grand choix de restaurants et de lieux de divertissement. C'est un centre commercial moderne et futuriste qui mérite d'être visité. Le complexe est relié à l'hôtel Conrad.

Parc Yeouido
여의도공원

Yeongdeungpo-gu Yeouigongwon-ro 68
서울 영등포구 여의공원로 68

Il s'agit d'un immense parc de loisirs situé au centre de Séoul, qui était à l'origine une place goudronnée fréquentée par les patineurs à roulettes et les cyclistes. Après sa construction en 1997, qui a duré deux ans, il a finalement ouvert ses portes en 1999 et est devenu l'endroit préféré des Séouliens. Il est connu pour ses magnifiques cerisiers en fleurs au printemps et son spectacle annuel de feux d'artifice en octobre. C'est un parc magnifique au bord de la rivière. Il est préférable d'y venir le ventre vide, car il y a une infinité de restaurants à choisir. Pendant la période des cerisiers en fleurs, il peut y avoir beaucoup de monde.

63 Square
63 스퀘어

Yeongdeungpo-gu 63-ro 50
서울 영등포구 63로 50

Avec ses 250 mètres de haut, c'est la plus haute structure recouverte d'or au monde et c'était le plus haut bâtiment de Corée jusqu'en 2003. Il a été construit comme un symbole pour les Jeux olympiques d'été de 1988 à Séoul. Il offre une vue magnifique sur le fleuve Han et les montagnes. Ses installations comprennent des restaurants, une galerie d'art, un centre commercial et un aquarium. Si vous pouvez dépenser un peu d'argent pour un rendez-vous romantique, c'est l'endroit idéal. Il y a même un ascenseur spécialement conçu pour les couples, dans lequel vous pouvez faire un tour exclusif de 80 secondes (dans le cadre d'un package spécial que vous achetez).

6 min à pied, 328m de la SORTIE #3

TOUS LES JOURS 10h00 ~ 22h00

ifcmallseoul.com

11 min à pied, 354m de la SORTIE #3

OUVERT 24 HEURES SUR 24

www.ydp.go.kr

17 min à pied, 1.1km de la SORTIE #4

TOUS LES JOURS
Aquarium 10h00 - 19h00
(Dernier accès à 18h30
Salle d'exposition d'art 10h00 - 20h30
(Dernier accès à 20h00)

www.63art.co.kr

Place Gwanghwamun
광화문광장

Jongno-gu, Sejong-daero 175
서울 종로구 세종대로 175

Sous la dynastie Joseon, la porte Gwanghwamun était la porte principale du palais Gyeongbokgung. En 2009, une immense place a été construite ici, qui s'étend jusqu'à la place Cheonggye et est devenue une attraction pour les habitants et les touristes étrangers.

Vous pouvez y voir des statues géantes des personnages historiques les plus populaires de Corée. La statue du roi Sejong, l'inventeur du hangul, constitue le centre de la place. La statue de l'amiral Yi Sun-shin, qui a sauvé le pays de l'agression japonaise, est également très populaire auprès des citoyens. Vous y trouverez également la créature mythique Haechi, qui est le symbole de la ville. Des étangs artificiels et des fontaines rafraîchissent les citoyens en été.

Derrière la statue du roi Sejong se trouve l'entrée de la salle d'exposition dans les souterrains, qui commémore la vie du roi et l'histoire de l'amiral Yi Suin Sin.

Mugyodong Nakji (poulpe)
무교동 낙지

Jongno-gu, Jongro-3-gil 30
서울 종로구 종로3길 30

C'est un bébé poulpe haché, mariné dans du gochujang (sauce pimentée) et frit avec des légumes comme des oignons, des oignons verts, du chou et des carottes. Il est surtout tristement célèbre pour son piquant, dû à la sauce gochujang, mais ses avantages nutritionnels le compensent totalement. Il est généralement autant apprécié que rejeté, mais si vous êtes un adepte de la nourriture épicée, vous devez absolument le goûter (et pleurer).

Musée d'histoire de Séoul
서울역사박물관

Jongno-gu, Saemunan-ro 55
서울 종로구 새문안로 55

En 2002, le musée d'histoire de Séoul a ouvert ses portes sur le site du palais Gyeonghui pour présenter l'histoire et la culture de Séoul de la préhistoire à l'époque moderne. L'espace et l'exposition consistent en un système ouvert, centré dans la cour à l'écart des salles existantes et axé sur l'expérience. Il y a un Touch Museum Corner, où vous pouvez voir des informations vidéo sur les vestiges tout en les touchant. Les expositions contribuent à la compréhension de Séoul en transmettant et en montrant l'histoire et la culture traditionnelle de Séoul. Le musée est devenu un centre culturel de Séoul et offre aux habitants de Séoul et aux visiteurs étrangers la possibilité de découvrir la culture de Séoul.

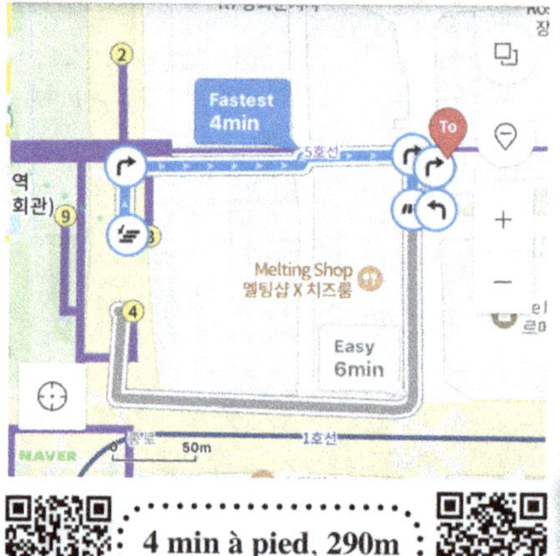

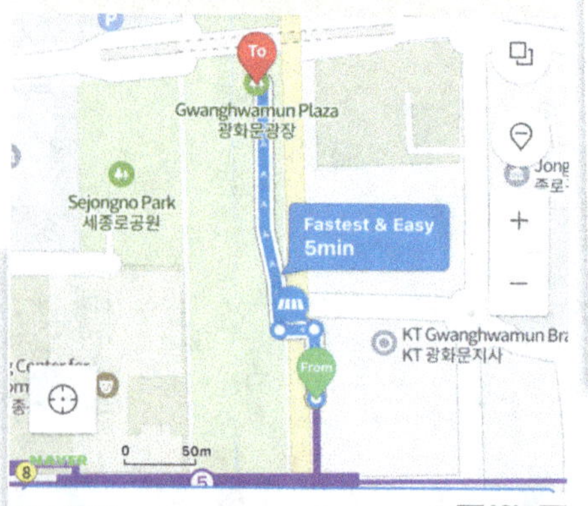

4 min à pied, 290m de la SORTIE #3

Google Maps

TOUS LES JOURS 10h00 – 22h00

7 min à pied, 461m de la SORTIE #7

Google Maps

TOUS LES JOURS 9h00 - 18h00
FERMÉ LE LUNDI
(Si un jour férié national tombe un lundi, le magasin est fermé le jour suivant).

museum.seoul.go.kr/eng/index.do

5 min à pied, 233m de la SORTIE #2

Google Maps

OUVERT 24 HEURES SUR 24

gwanghwamun.seoul.go.kr/main.do

Centre Sejong des arts du spectacle
세종문화회관

Jongno-gu, Sejong-daero 175
서울 종로구 세종대로 175

Fondé par le gouvernement municipal de Séoul, il est une institution culturelle et artistique représentative de Séoul. Il a été la porte d'entrée des arts du spectacle coréens et le seul canal pour les arts du spectacle internationaux. Il a été reconnu comme l'une des principales salles de spectacles au monde et a servi de berceau aux arts visuels coréens dans les années 70 et 80. Après la rénovation du Grand Théâtre Sejong, le Sejong Chamber Hall, le Sejong M Theater, l'Art Building Extension, le Sejong Art Museum et le Sejong S Theater ont été réaménagés et servent de centre culturel et artistique de Séoul en accueillant diverses manifestations culturelles. Visitez la page d'accueil pour obtenir des informations sur les événements.

2 min à pied, 119m de la SORTIE #1

Google Maps

Consultez le calendrier des événements pour connaître les heures d'ouverture.

www.sejongpac.or.kr

Parc Tapgol
탑골공원

5 min à pied, 338m de la SORTIE #1

Sanctuaire royal de Jongmyo
종묘

3 min à pied, 299m de la SORTIE #11

Hall des instruments de Nagwon
낙원악기상가

2 min à pied, 146m de la SORTIE #5

Ces lieux ont déjà été présentés dans les pages précédentes.

Rue de la viande de Majangdong
마장동 고기 골목

Seongdong-gu, Majang-ro 35-gil 68
서울 성동구 마장로35길 68

Équipé d'installations modernes et propres, c'est le plus grand marché de la viande en Corée. Vous pouvez y acheter de la viande fraîche toutes les heures. Elle provient de nombreuses régions de Corée et d'outre-mer. La viande de qualité est généralement vendue jusqu'à 30 % moins cher qu'au supermarché. De nombreux magasins disposent également d'une salle à manger attenante, où vous pouvez déguster de la viande fraîche sur place. Vous pouvez obtenir du bœuf coréen frais à un prix réduit. Ne vous attendez cependant pas à trouver un restaurant BBQ coréen chic.

16 min à pied, 826m de la SORTIE #2

Google Maps

Chaque magasin a des heures d'ouverture différentes, mais la plupart ouvrent le matin.

(542) DAPSIMNI 답십리

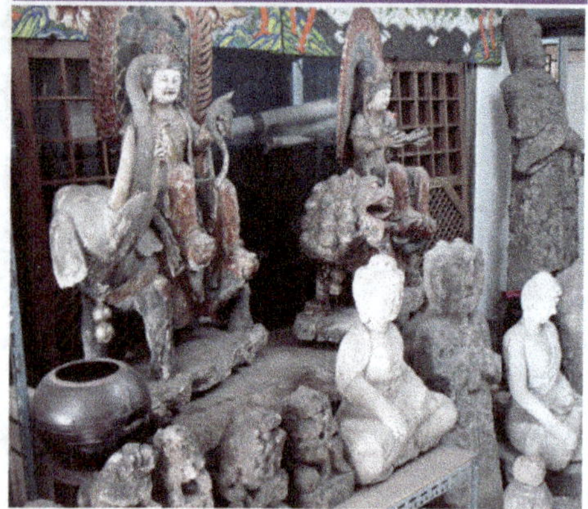

Route de l'art antique de Dapsimni
답십리 고미술 상가

Dongdaemun-gu, Gomisul-ro 39
서울 동대문구 고미술로 39

Les rues sont remplies d'antiquités, allant de statues de pierre deux à trois fois plus grandes qu'un être humain à des ornements de la taille d'une paume de main. Il y a également divers autres objets, allant de meubles anciens assez grands, de poignées de porte et de statues de Bouddha à des articles ménagers comme des pierres à encre, des meules, des poêles et des bols en laiton. Lorsque vous entrez dans une boutique, la densité est encore plus grande. Vous pouvez également trouver des accessoires anciens comme des épingles à cheveux décoratives coréennes traditionnelles. Récemment, la proportion de produits anciens en provenance de Chine et d'Asie du Sud-Est a augmenté. Il est également fréquent de voir des antiquités occidentales. Les prix vont de quelques milliers de wons à plusieurs millions de wons.

NAVER MAP

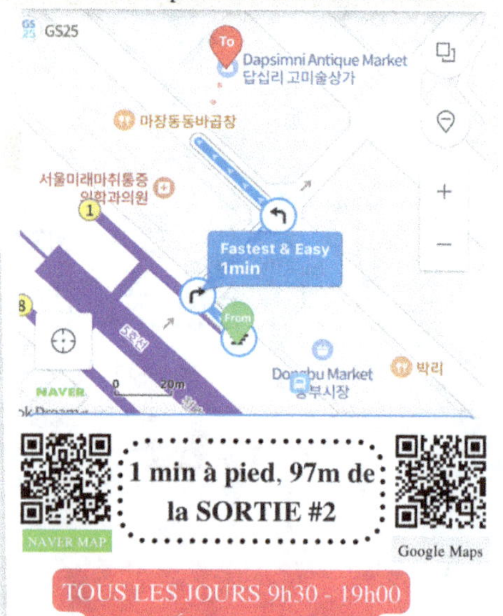

1 min à pied, 97m de la SORTIE #2

Google Maps

TOUS LES JOURS 9h30 - 19h00
FERMÉ LE DIMANCHE

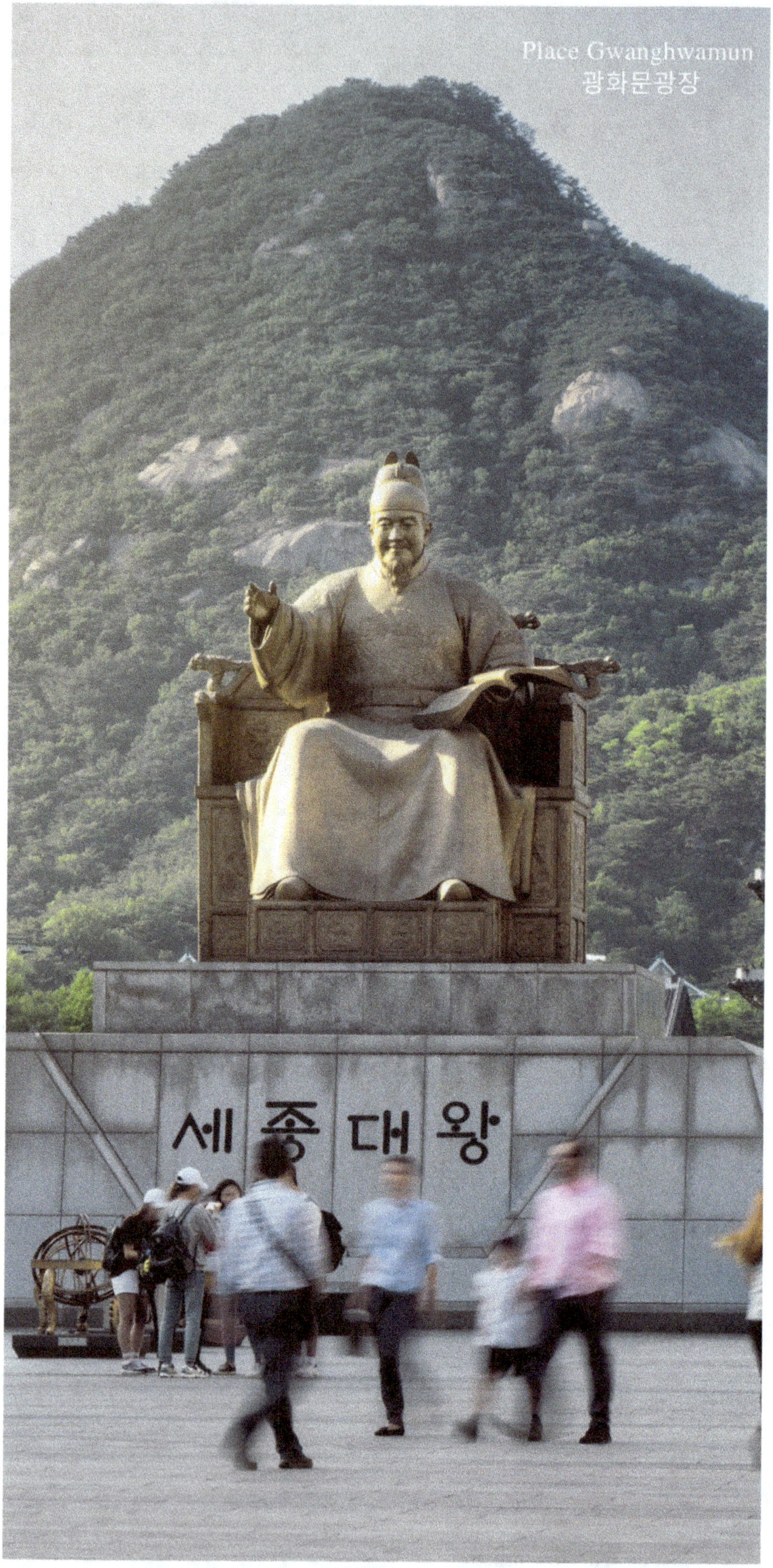

Place Gwanghwamun
광화문광장

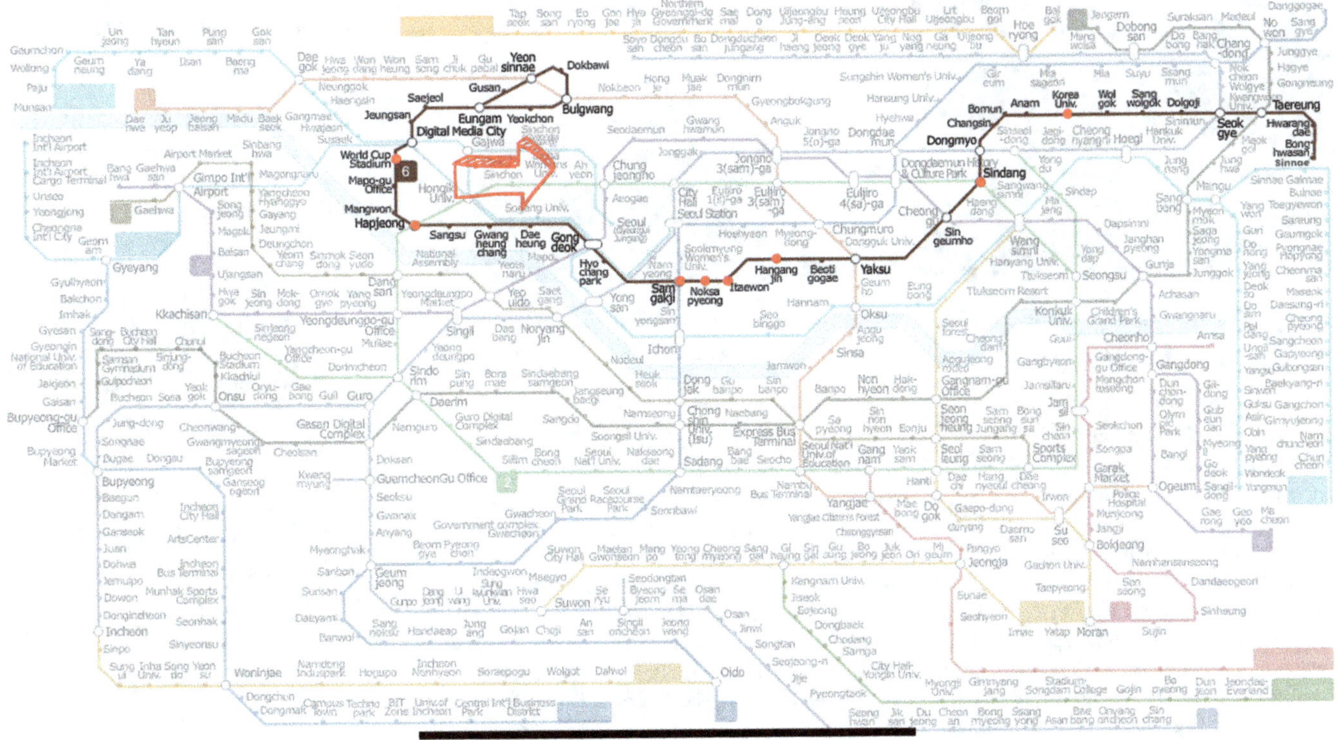

(619) WORLD CUP STADIUM 월드컵 경기장

- Stade de la Coupe du monde de Séoul
  서울 월드컵 경기장
- Parc de la Coupe du monde
  월드컵 공원

(622)=(238) HAPJEONG 합정

- Cimetière Yanghwajin pour les missionnaires étrangers
  양화진외국인선교사묘원
- Sanctuaire des martyrs de Jeoldusan
  절두산 성지
- Mecenatpolis Mall
  메세나폴리스몰

(628)=(428) SAMGAKJI 삼각지

- Mémorial de guerre
  전쟁기념관

(629) NOKSAPYEONG 녹사평

- Rue Gyeongridan gil
  경리단길

(630) ITAEWON 이태원

- Zone touristique d'Itaewon
  이태원 관광 특구

(631) HANGANGJIN 한강진

- Jardin botanique de Namsan
  남산 야외 식물원

(635)=(206) SINDANG 신당

- Marché aux puces de Hwanghakdong
  황학동 벼룩시장
- Chungmu Art Center
  충무 아트센터
- Sindangdong Tteokbokki Town
  신당동 떡볶이타운

(640) KOREA UNIVERSITY 고려대학교

- Tombes royales de Yeonghwiwon & Sunginwon 영휘원과 숭인원
- Hall commémoratif du roi Sejong le Grand
  세종대왕기념관

- Cette ligne est en forme de U.
- Lorsqu'un train arrive à Eungam, il passe par la "boucle d'Eungam", une boucle de stations à sens unique, puis continue vers Sinnae.
- Nombre de stations: 38
- Terminus: Eungam / Sinnae

Stade de la Coupe du monde de Séoul
서울 월드컵 경기장

Mapo-gu, Seongsan-dong 515-39
서울 마포구 성산동 515-39

Construit comme stade principal pour la Coupe du Monde FIFA Corée/Japon 2002, c'est le plus grand stade entièrement dédié au football en Asie, avec une capacité de 66 704 places. Le toit a été conçu en forme de dragon traditionnel coréen et couvre 90% des places assises. Autour du stade, cinq parcs à thème entourés d'arbres et de fontaines invitent à la promenade, aussi bien le matin que le soir. Lorsque les plus grands rivaux de la K-league (FC Seoul & Suwon Bluewings) s'affrontent dans le stade, vous devriez envisager de vous mêler à la foule.

Parc de la Coupe du monde
월드컵 공원

Mapo-gu, Haneulgongwon-ro 86
서울 마포구 하늘공원로 86

L'île de Nanjido, sur laquelle se trouve le parc, était une décharge de 1978 à 1993. Après la démolition de l'immense montagne artificielle et la création d'un parc écologique, elle a renaît en tant que parc populaire pour les habitants de Séoul à l'occasion de la Coupe du Monde de la FIFA Corée/Japon 2022. Il compte cinq parcs à thème, dont le parc Pyeonghwa (Paix), le parc Haneul (Ciel), le parc Noeul (Coucher de soleil), le parc Nanjicheon et le parc Nanji Hangang. Il y a actuellement 733 000 arbres de 92 espèces dans le parc, et l'étang de Nanji et le ruisseau de Nanjicheon créent un magnifique décor naturel. Le Parc de la Coupe du monde Exhibition Hall, où vous pouvez voir toute l'histoire et la transformation de l'île de Nanjido, et l'étang de Nanji, où vous pouvez voir des espèces animales et végétales et différents oiseaux, sont des endroits célèbres du parc. Même les jours où il n'y a pas de match de football, le parc est un lieu de promenade populaire pour les citoyens, et divers programmes éducatifs et événements y sont organisés.

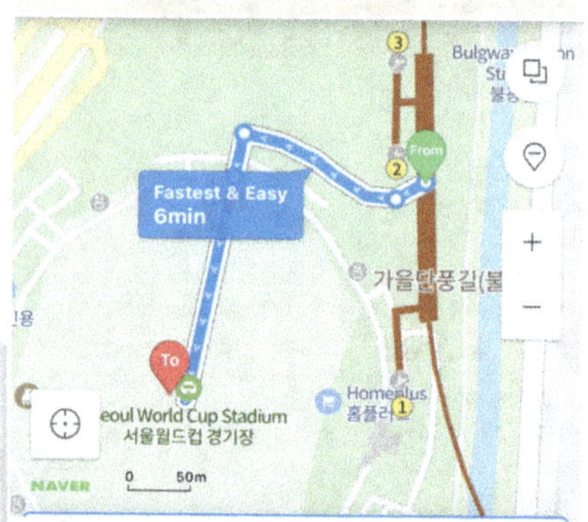

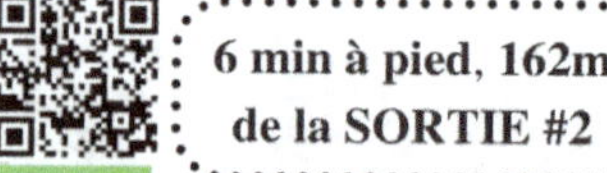

6 min à pied, 162m de la SORTIE #2

Google Maps

Consultez le calendrier des événements pour connaître les heures d'ouverture.

www.sisul.or.kropen_content/worldcup

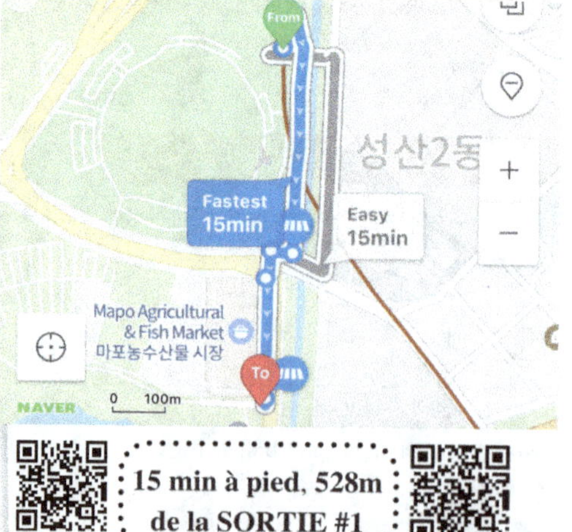

15 min à pied, 528m de la SORTIE #1

Google Maps

OUVERT 24 HEURES SUR 24

parks.seoul.go.krtemplate/sub/worldcuppark.do

Cimetière Yanghwajin pour les missionnaires étrangers 양화진외국인선교사묘원

5 min à pied, 320m de la SORTIE #7

Sanctuaire des martyrs de Jeoldusan 절두산 성지

7 min à pied, 482m de la SORTIE #7

Mecenatpolis Mall 메세나폴리스몰

1 min à pied, 35m de la SORTIE #10

Ces lieux ont déjà été présentés dans les pages précédentes.

Mémorial de guerre
전쟁기념관

Ce lieu a déjà été présenté dans les pages précédentes.

---

(629) NOKSAPYEONG 녹사평

Rue Gyeongridan gil
경리단길

Yongsan-gu, Noksapyeong-daero 234
서울 용산구 녹사평대로 234

C'est l'une des rues les plus populaires d'Itaewon. Si vous montez la colline depuis la sortie 2 de la station Noksapyeong, vous trouverez des petits restaurants, des cafés et des pubs qui s'étendent comme des toiles d'araignée autour de la large rue. Des boutiques uniques dans les ruelles ont joué un rôle crucial dans la création de l'actuel Gyeongridan-gil, et c'est ainsi qu'un quartier d'affaires s'est développé autour des ruelles et non au bord de la route. Il s'est rapidement transformé en un lieu branché pour les jeunes qui en ont assez des cafés et restaurants franchisés. Il y a une poignée de bars à bières artisanales uniques. Il semble y avoir plus de restaurants et de pubs de bière artisanale tenus par des étrangers que par des Coréens.

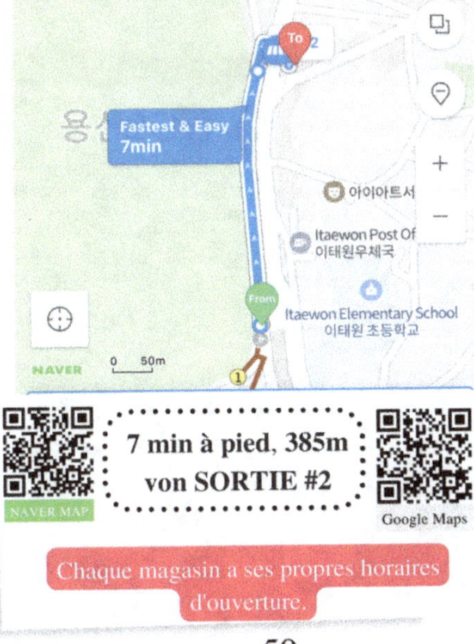

Chaque magasin a ses propres horaires d'ouverture.

---

(630) ITAEWON 이태원

Zone touristique d'Itaewon
이태원 관광 특구

Yongsan-gu, Itaewon-ro 150
서울 용산구 이태원로 150

Première zone touristique spéciale de Séoul, Itaewon est une zone multinationale et multiculturelle où vivent plus de 20.000 étrangers. Plus de 2 000 commerces, dont des hébergements, des restaurants, des lieux de divertissement et des agences de voyage, sont concentrés dans les ruelles. L'Antique Furniture Street est également célèbre, avec plus de 100 boutiques, de l'hôtel Hamilton à Bogwang-ro. En outre, vous pouvez découvrir la culture et la nourriture exotiques dans World Food Street. Vous y trouverez des restaurants de plus de 40 pays, tenus par des étrangers. Chaque année en octobre, divers spectacles et événements sont organisés, et le festival Itaewon Global Village est particulièrement célèbre. Les dollars américains et les yens sont librement utilisés et il est facile de faire des affaires avec des commerçants parlant des langues comme l'anglais, le japonais et le chinois. C'est l'endroit le plus exotique de Corée.

Chaque magasin a ses propres horaires d'ouverture.

www.itaewon.or.kr

Jardin botanique de Namsan 남산 야외 식물원

Yongsan-gu, Itaewon-dong 259-16
서울 용산구 이태원동 259-16

Il s'agit d'un jardin botanique en plein air situé dans le parc naturel urbain de Namsan à Yongsan-gu, Séoul. Il est divisé en un étang, un jardin botanique aquatique, un complexe de pins provenant des huit provinces de Corée et un jardin de fleurs sauvages. L'entrée est gratuite. Au centre, il y a un "centre de découverte de la forêt pour enfants" où les enfants peuvent jouer. Sur le chemin du complexe de pins, après avoir traversé le jardin de mousse, il y a un sentier d'acupression. Au printemps et en automne, de nombreuses fleurs s'épanouissent dans le jardin sauvage et vous pouvez voir un magnifique tableau. De juin à août, vous ne verrez pas de fleurs.

23 min à pied, 1.3km de la SORTIE #1

NAVER MAP   Google Maps

OUVERT 24 HEURES SUR 24

Marché aux puces de Hwanghakdong 황학동 벼룩시장

6 min à pied, 392m de la SORTIE #1

Chungmu Art Center 충무 아트센터

2 min à pied, 105m de la SORTIE #9

Sindangdong Tteokbokki Town 신당동 떡볶이타운

4 min à pied, 236m de la SORTIE #8

Ces lieux ont déjà été présentés dans les pages précédentes.

Tombes royales de Yeonghwiwon & Sunginwon 영휘원과 숭인원

Dongdaemun-gu Hongreung-ro 90
서울 동대문구 홍릉로 90

Yeonghwiwon est la tombe de la reine Sunheon, concubine de l'empereur Gojong de l'empire coréen, et Sunginwon est la tombe de Yi Jin-won, le premier fils du prince Uimin, le dernier prince héritier de l'empire coréen. Une promenade dans le parc, loin de l'agitation de la ville, est une détente salutaire qui transcende le temps et l'espace.

17 min à pied, 824m de la SORTIE #3

NAVER MAP   Google Maps

TOUS LES JOURS 9h00 – 18h00
FERMÉ LE LUNDI

(640) KOREA UNIVERSITY 고려대학교

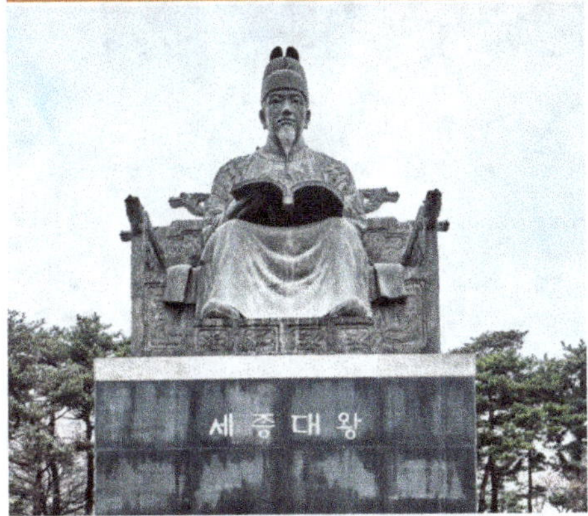

Hall commémoratif du roi Sejong le Grand 세종대왕기념관

Dongdaemun-gu Hoegi-ro 56
서울 동대문구 회기로 56

Le bâtiment a été construit en l'honneur du roi Sejong le Grand, considéré comme l'un des plus grands rois de l'histoire coréenne pour ses vertus sacrées et ses brillantes réalisations. Le bâtiment de trois étages abrite une zone d'exposition (hangul, science, musique traditionnelle, art et plein air), un auditorium, un laboratoire et une salle de référence. Si vous vous êtes déjà demandé pourquoi il est vénéré comme le plus grand roi de l'histoire coréenne, vous hocherez la tête lorsque vous en apprendrez plus sur lui dans ce magnifique musée.

NAVER MAP

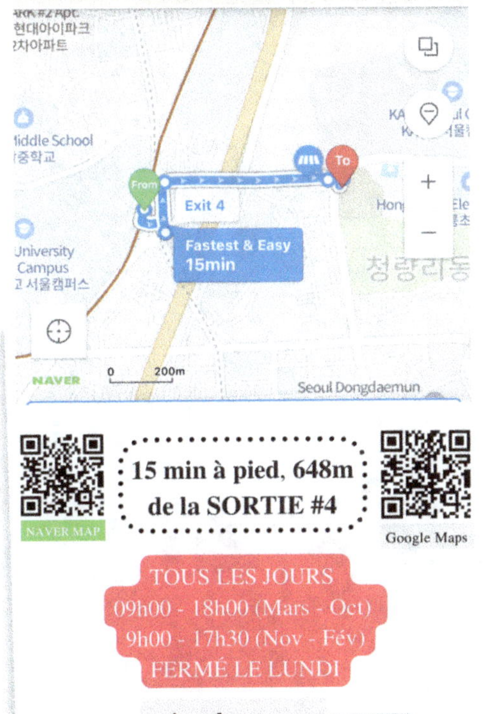

15 min à pied, 648m de la SORTIE #4

Google Maps

TOUS LES JOURS
09h00 - 18h00 (Mars - Oct)
9h00 - 17h30 (Nov - Fév)
FERMÉ LE LUNDI

sejongkorea.org

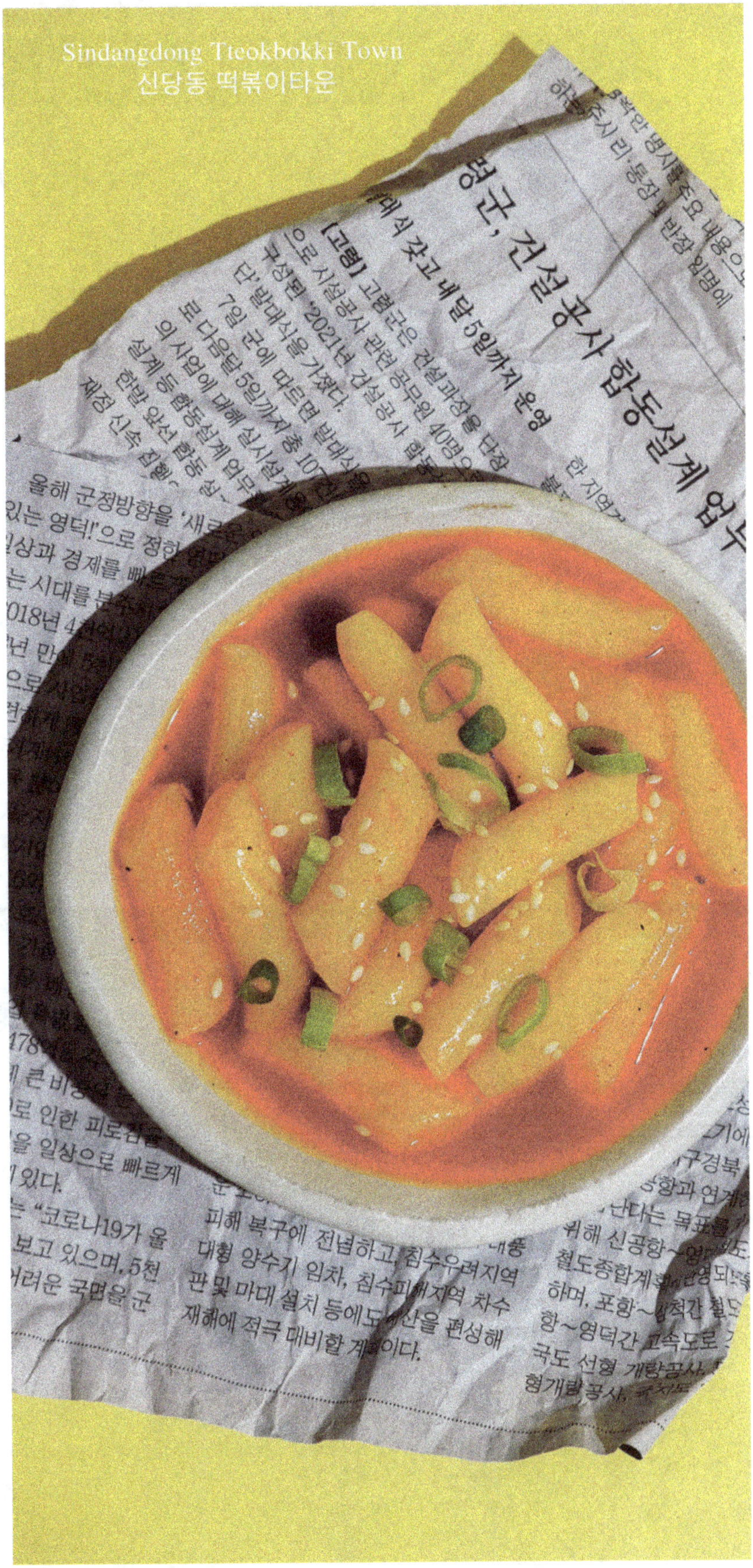

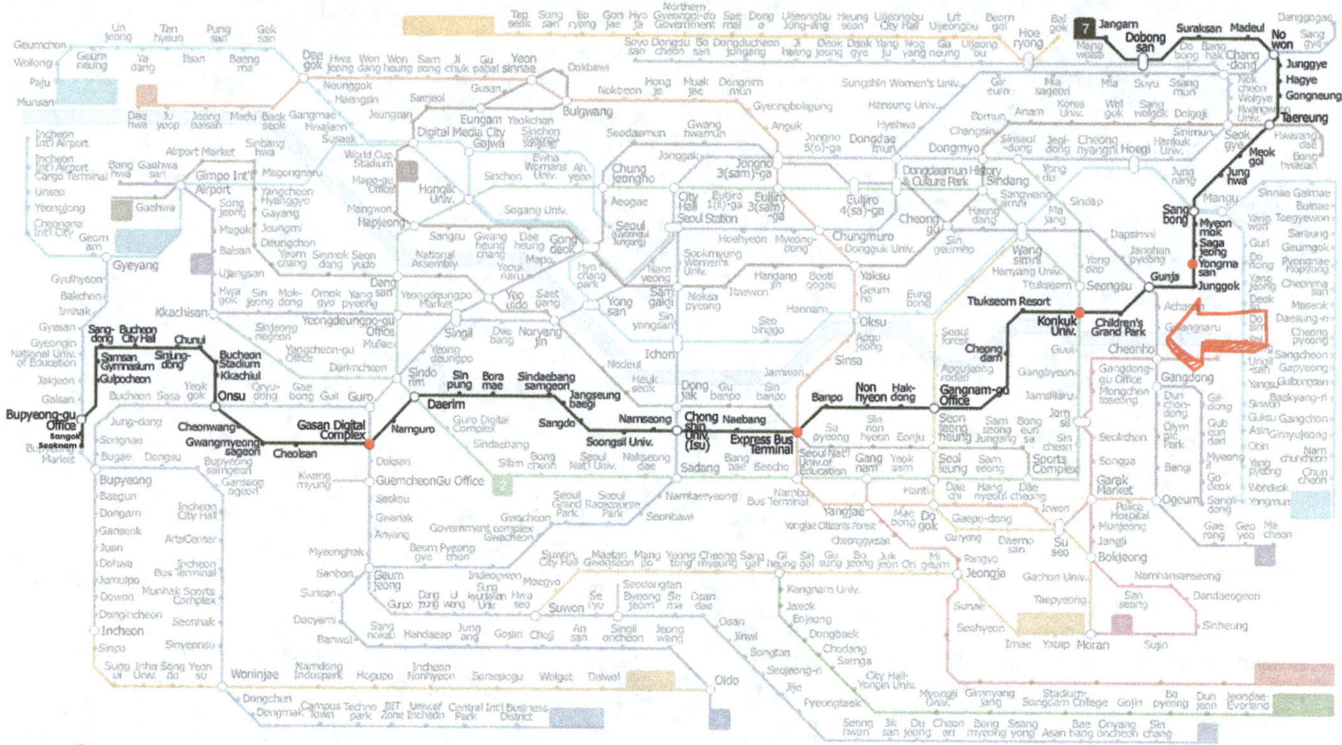

(723) YONGMASA 용마산

- Mont Yongmasan
  용마산

(727)=(212) KONKUK UNIV. 건대입구

- Common Ground
  커먼그라운드

(734)=(923)=(339) EXPRESS BUS TERMINAL 고속터미널

- GOTO Mall (complexe commercial du terminal de métro de Gangnam) 고투몰
- Sevit Seom (Ile flottante) 세빛섬
- Central City 센트럴 시티

(746) GASAN DIGITAL COMPLEX 가산디지털단지

- Gasan Digital Complex Outlet Town
  가산디지털단지 아울렛타운

- **Cette ligne relie le nord et le sud de Séoul, mais ne passe pas par le centre-ville.**
- **Nombre de stations: 53**
- **Terminus: Jangam / Seoknam**

Mont Yongmasan
용마산

Jungnang-gu Myeonmok 4-dong San 75-1
서울특별시 중랑구 면목4동 산75-1

Le mont Yongmasan culmine à 348 mètres et dispose de nombreuses plateformes d'observation qui offrent une vue imprenable sur Séoul. Grâce à son altitude conviviale, il est accessible aux personnes de tous âges. Certains font même de la randonnée en tenue décontractée. Ne manquez pas de regarder la cascade du parc que vous rencontrerez sur votre chemin. C'est la plus grande chute d'eau artificielle d'Asie. Sa voisine, le mont Achasan, ne fait que 287 mètres de haut. Elle aussi offre une vue magnifique sur Séoul. Si vous souhaitez atteindre le sommet des deux montagnes, il vous faudra environ 2 heures au total.

17 min à pied, 842m de la SORTIE #2

OUVERT 24 HEURES SUR 24

Common Ground
커먼그라운드

3 min à pied, 196m de la SORTIE #6

Ce lieu a déjà été présenté dans les pages précédentes.

GOTO Mall (complexe commercial du terminal de métro de Gangnam)
고투몰

3 min à pied, 140m de la SORTIE #8-1

Sevit Seom (Ile flottante)
세빛섬

24 min à pied, 1.3km de la SORTIE #8-1

Central City
센트럴 시티

1 min à pied, 50m de la SORTIE #3

Ces lieux ont déjà été présentés dans les pages précédentes.

(746) GASAN DIGITAL COMPLEX
가산디지털단지

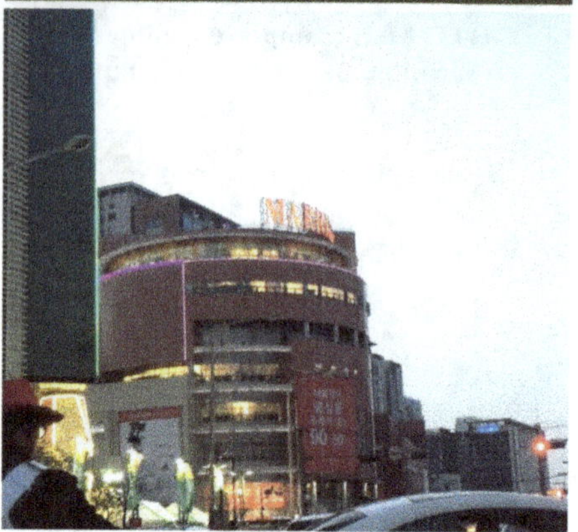

Gasan Digital Complex Outlet Town
가산디지털단지 아울렛타운

Geumcheon-gu Beotkkot-ro 266
서울 금천구 벚꽃로 266

C'est ici que les entreprises de vêtements installées dans le complexe industriel de Guro avaient l'habitude d'exploiter leurs propres magasins permanents. L'ouverture de Mario Outlet en 2001 a transformé une grande ville de la mode en ce qu'elle est aujourd'hui. Après le succès du Mario Outlet, de grands outlets ont vu le jour dans les environs, comme le W Mall, Fashion Island et Hansom Factory Outlet. Il existe des zones comme Mario Square et Fashion Street, où les visiteurs peuvent faire du shopping tout en se promenant tranquillement à l'extérieur. Il accueille également de grands événements tels que des expositions d'art et des cours de cuisine. On y trouve également un food court de style européen.

NAVER MAP

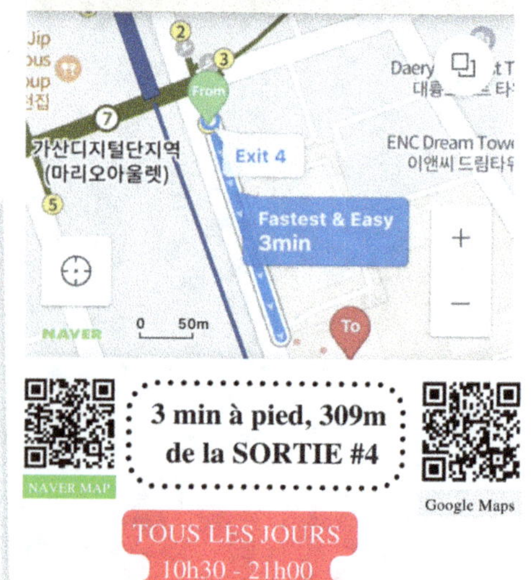

3 min à pied, 309m de la SORTIE #4

Google Maps

TOUS LES JOURS
10h30 - 21h00
(VEN/SAM/DIM) 21h30)

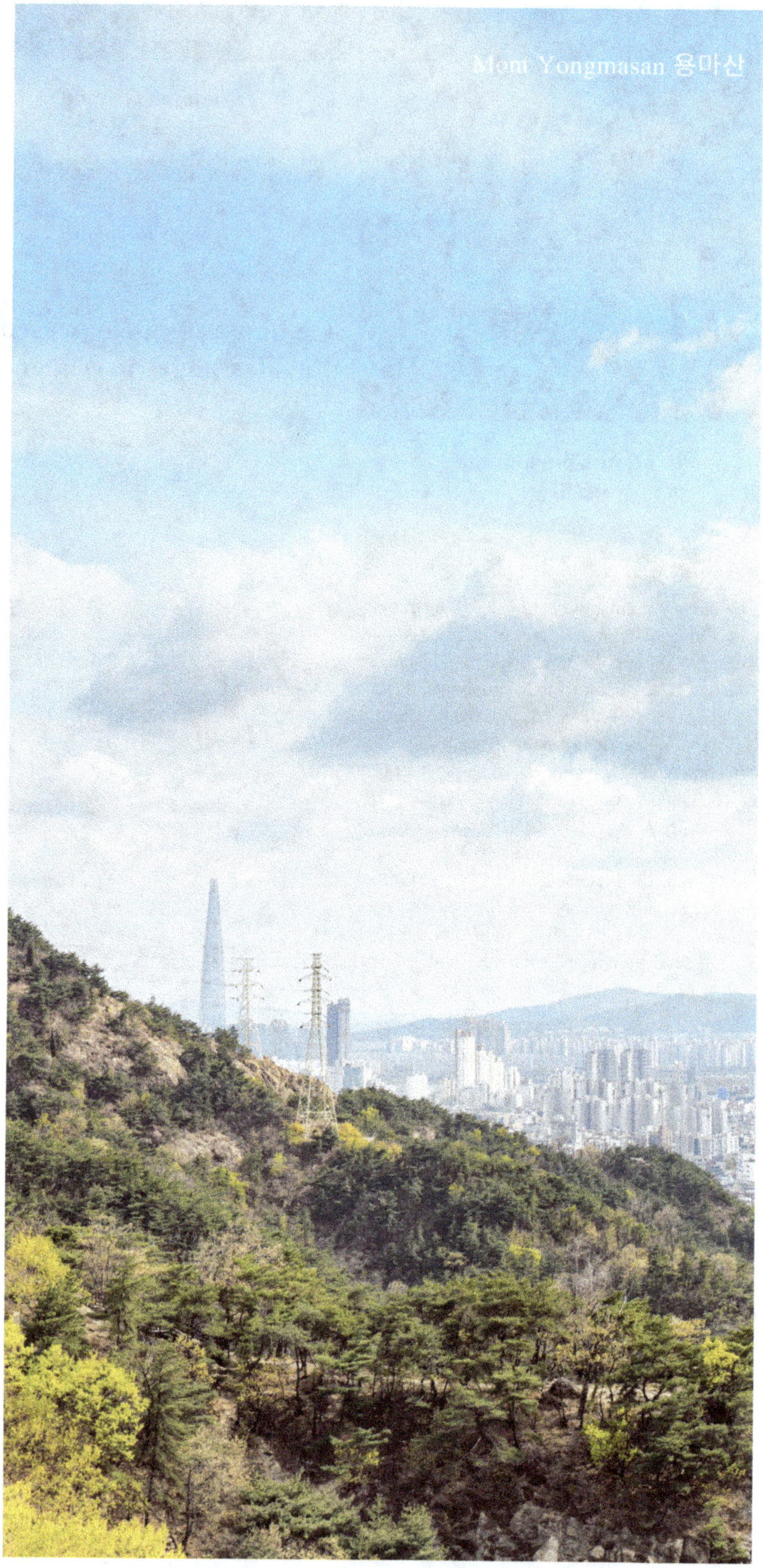

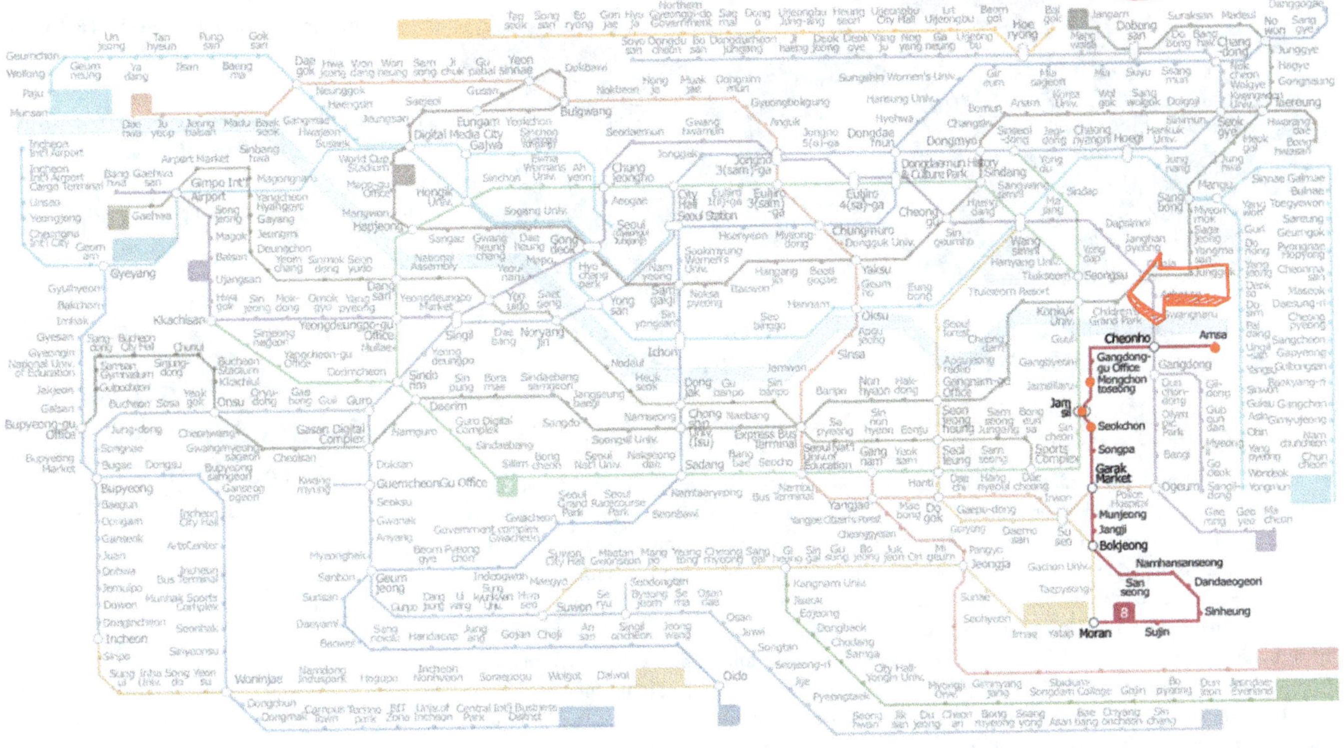

(810) AMSA 암사

- Site d'habitat préhistorique d'Amsa-dong
  암사동 유적지

(813) MONGCHONTOSEONG 몽촌토성

- Le parc olympique
  올림픽공원

(814)=(216) JAMSIL 잠실

- Lotte World
  롯데 월드
- Monument en pierre de Samjeondobi
  삼전도비

(815)=(933) SEOKCHON 석촌

- Parc du lac Seokchon
  석촌호수

- **Cette ligne a le moins de stations et le trajet le plus court.**
- **A partir de 2022, elle sera l'une des deux lignes (l'autre étant la ligne 9) qui ne traversera pas la rivière Han.**
- **Nombre de stations: 18**
- **Terminus: Amsa / Moran**

Amsa-dong Prehistoric Settlement Site 암사동 유적지

Gangdong-gu, Ollimpik-ro 875
서울 강동구 올림픽로 875

Ce site a été fouillé en 1925, après qu'une inondation ait emporté le sol sur les rives du Han. Il a permis de mettre au jour de nombreux artefacts anciens, tels que des poteries à motif de crête, des flèches en pierre et des haches. Le parc vise à recréer le mode de vie de l'époque néolithique (7.000 av. J.-C. à 1.000 av. J.-C.) et propose de nombreuses attractions telles que des huttes géantes en argile, des halls d'exposition et des promenades. C'est un lieu divertissant et instructif pour les enfants et les familles qui souhaitent découvrir et vivre le néolithique.

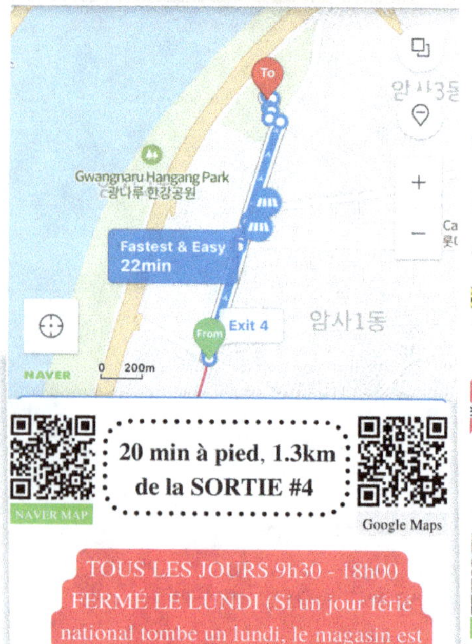

20 min à pied, 1.3km de la SORTIE #4

Google Maps

TOUS LES JOURS 9h30 - 18h00
FERMÉ LE LUNDI (Si un jour férié national tombe un lundi, le magasin est fermé le jour suivant).

sunsa.gangdong.go.kr

Le parc olympique 올림픽공원

Songpa-gu Ollimpik-ro 424
서울 송파구 올림픽로 424

Conçu à l'origine pour les Jeux olympiques d'été de 1988 à Séoul, ce parc de 408 hectares a été transformé en un immense parc de loisirs avec des stades de sport, des forêts et des prairies. Il est divisé en plusieurs zones : Parc sportif de loisirs, parc culturel et artistique, parc écologique et parc de découverte de l'histoire. En raison de sa taille énorme, il faut de nombreuses heures (3+) pour explorer le parc dans son intégralité. C'est pourquoi vous devez vous familiariser avec la structure du parc avant de partir. C'est un parc impressionnant où la modernité et la nature coexistent harmonieusement. Pour gagner du temps, vous pouvez prendre le train ("Hodori Train") qui se trouve à côté de la place de la Paix.

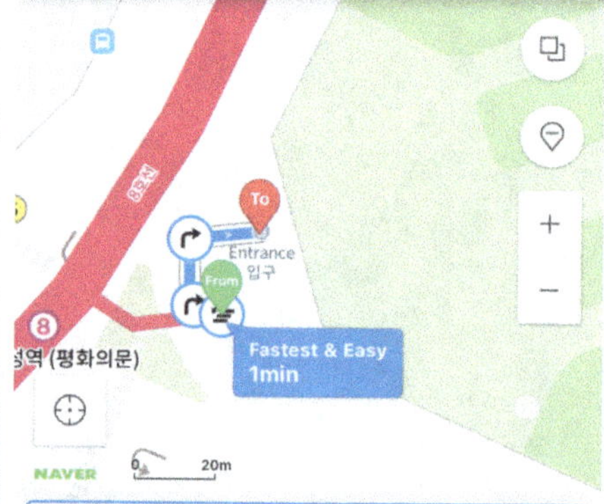

1 min à pied, 34m de la SORTIE #1

Google Maps

OUVERT 24 HEURES SUR 24

www.olympicpark.co.kr

**Lotte World
롯데 월드**

2 min à pied, 143m de la SORTIE #4

**Monument en pierre de Samjeondobi
삼전도비**

6 min à pied, 270m de la SORTIE #3

Ces lieux ont déjà été présentés dans les pages précédentes.

(815)=(933) SEOKCHON 석촌

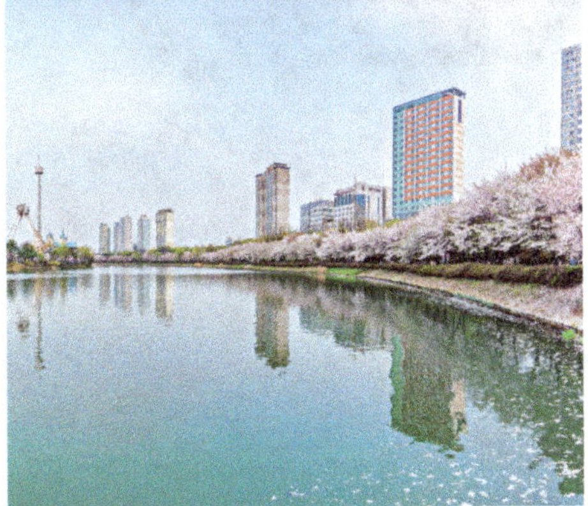

Parc du lac Seokchon
석촌호수

Songpa-gu Jamsil-ro 148
서울 송파구 잠실로 148

Situé dans le parc Songpa Naru, il se compose de deux lacs artificiels, le Seo-ho (lac de l'Ouest) et le Dong-ho (lac de l'Est), traversés par le Songpa-daero. Au milieu du Seo-ho se trouve "l'île magique" de Lotte World, tandis que le Dong-ho est connu pour ses sentiers de randonnée et de jogging qui longent ses rives. En 2014, la sculpture "Rubber Duck" de l'artiste néerlandais Florentijn Hofman y a été installée. C'est un parc paisible, situé à proximité du complexe Lotte. C'est l'un des meilleurs endroits pour profiter des cerisiers en fleurs (avril-mai), car il n'est pas aussi fréquenté que le parc Yeouido.

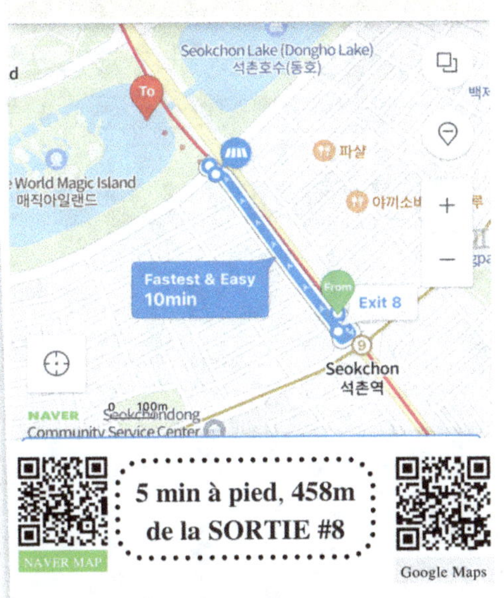

5 min à pied, 458m de la SORTIE #8

NAVER MAP

Google Maps

OUVERT 24 HEURES SUR 24

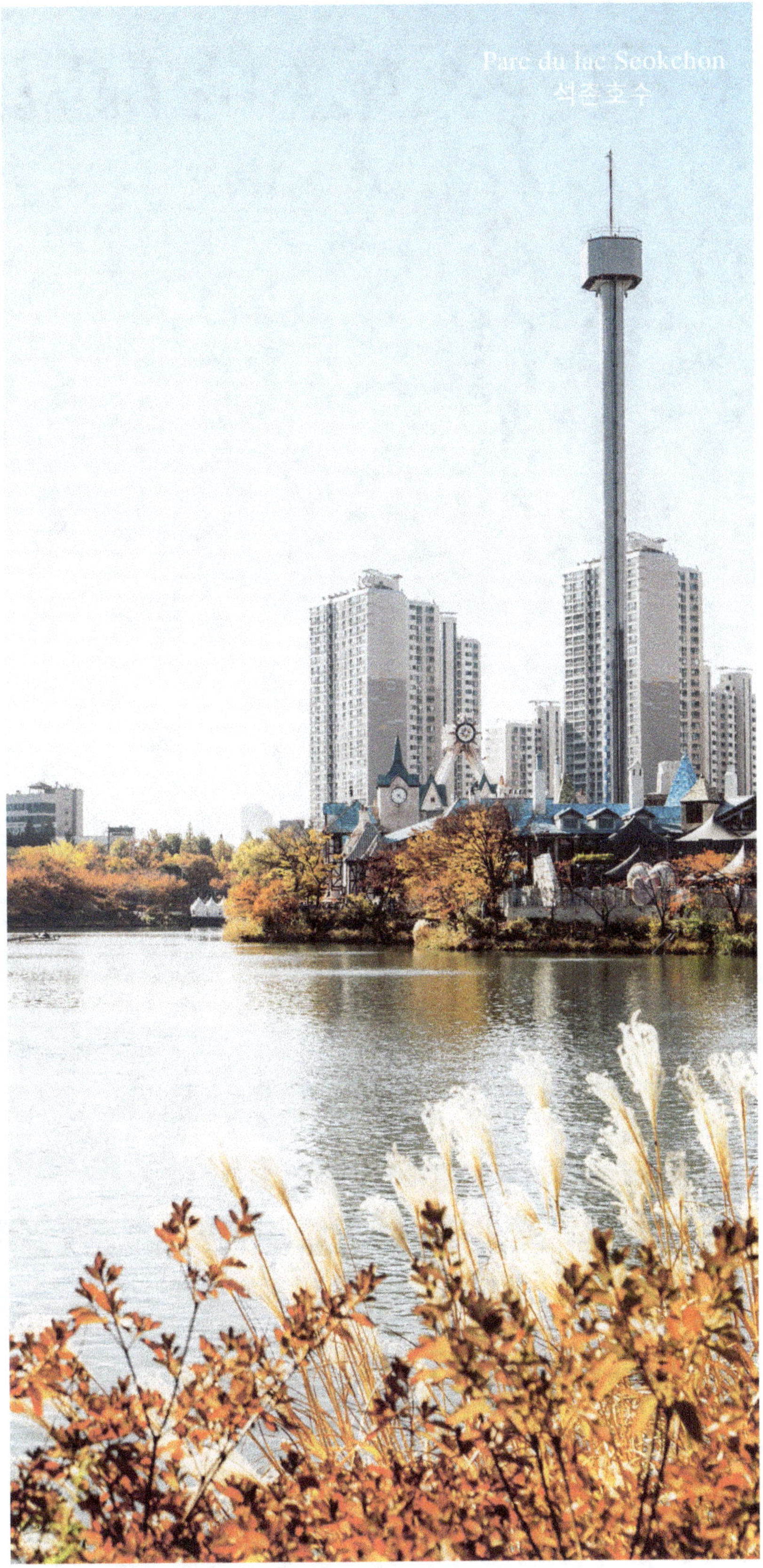

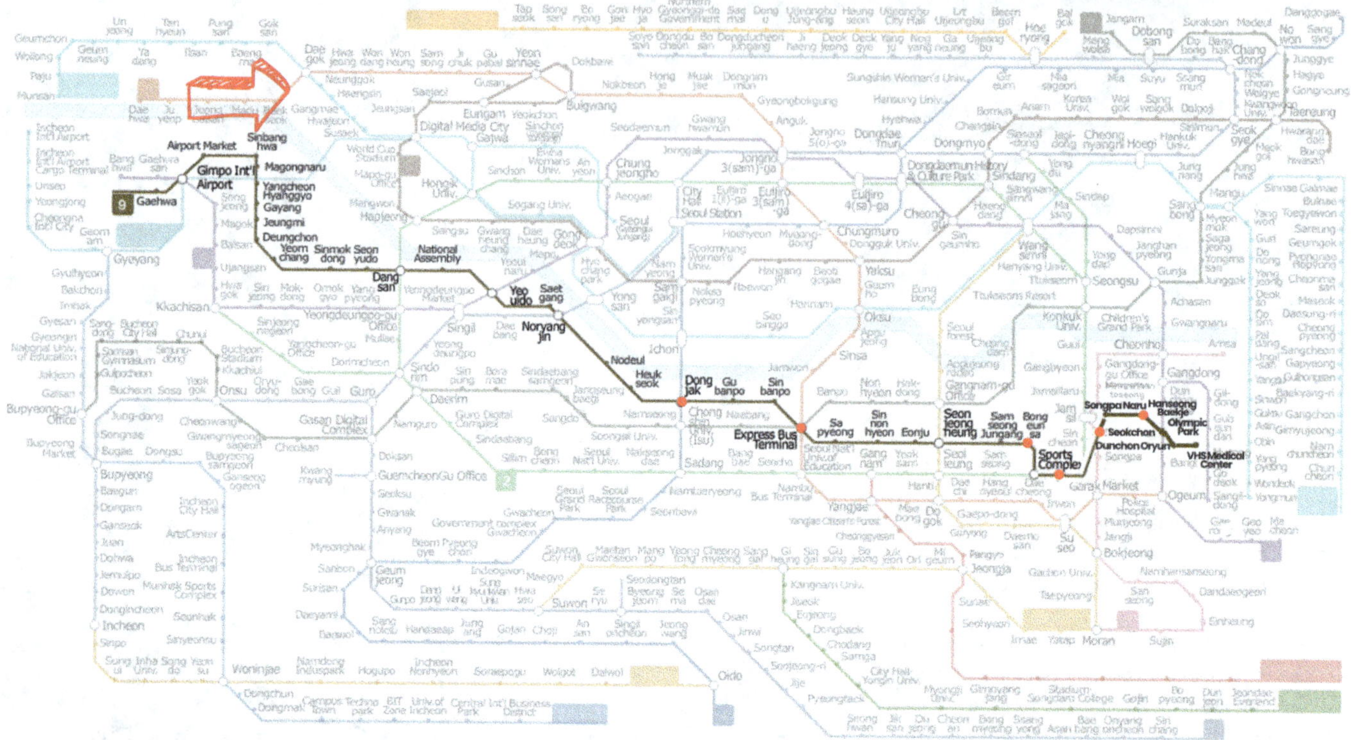

(906) YANGCHEON HYANGGYO 양천향교

- École confucéenne de Yangcheon Hyanggyo 양천향교

(912) SEONYUDO 선유도

- Parc Seonyudo 선유도 공원

(914) NATIONAL ASSEMBLY 국회의사당

- Bâtiment de l'Assemblée nationale 국회의사당

(915)=(525) YEOUIDO 여의도

- IFC Mall IFC 몰
- Parc Yeouido 여의도공원

(916) SAETGANG 샛강

- Parc écologique Yeouido Saetgang 여의도 생태공원

(136)=(917) NORYANGJIN 노량진

- Tombeaux des six martyrs de Sayuksinmyo 사육신묘
- Marché aux poissons de Noryangjin 노량진 수산시장

(920)=(431) DONGJAK 동작

- Cimetière national 국립 서울 현충원

(923)=(734)=(339) EXPRESS BUS TERMINAL 고속터미널

- GOTO Mall (complexe commercial du terminal de métro de Gangnam) 고투몰
- Sevit Seom (Ile flottante) 세빛섬
- Central City 센트럴 시티

(929) BONGEUNSA 봉은사

- Temple Bongeunsa 봉은사
- COEX 코엑스

(933)=(815) SEOKCHON 석촌

- Parc du lac Seokchon 석촌호수

(935) HANSEONG BAEKJE 한성백제

- Musée Baekje de Séoul (Hanseong) 한성백제박물관

- **Il s'agit du dernier ajout au système de métro de Séoul.**
- **Elle est souvent bondée, surtout aux heures de pointe.**
- **Nombre de stations: 38**
- **Terminus: Gaehwa / VHS Medical Center**

École confucéenne de Yangcheon Hyanggyo 양천향교

Gangseo-gu, Yangcheon-ro 47 Na-gil 53
서울 강서구 양천로47나길 53

Yangcheon Hyanggyo est un établissement d'enseignement créé par l'État pour éduquer et former les habitants en organisant des rituels en l'honneur de Confucius et de différents sages. Cette école a été construite pour la première fois en l'an 11 du roi Taejong (1411) de la dynastie Joseon et a été entièrement restaurée en 1981. Les bâtiments comprennent le sanctuaire Daeseongjeon, un hall commémoratif, le Myeongnyundang Lecture Hall, un auditorium qui remplit des fonctions pédagogiques, Dongjae et Seojae, un dortoir pour les élèves, la porte Naesammun et la porte Oesammun. À l'intérieur du sanctuaire Daeseongjeon sont conservées les tablettes de Confucius et de ses disciples. Aujourd'hui, la fonction éducative a disparu et seule subsiste la fonction des rites ancestraux. L'école confucéenne Yangcheon Hyanggyo est la seule à Séoul parmi les 234 écoles confucéennes du pays.

7 min à pied, 450m
de la SORTIE #2

hyanggyo.net

Parc Seonyudo
선유도 공원

Yeongdeungpo-gu, Seonyu-ro 343
서울 영등포구 선유로 343

C'était une petite île au sommet au milieu du Han et elle a longtemps été appréciée des artistes et des poètes. Mais pendant la période coloniale japonaise, l'aspect ancien du pic Seonyubong a disparu et, de 1978 à 2000, il a été utilisé comme station de traitement des eaux pour alimenter en eau du robinet la partie sud-ouest de Séoul. En 2002, il a été transformé en un éco-parc respectueux de l'environnement, offrant loisirs, détente et éducation. Vous pouvez y observer la croissance et le processus de purification de différentes plantes aquatiques qui purifient l'eau, et vous y trouverez également des installations culturelles telles qu'un amphithéâtre et des établissements d'enseignement.

15 min à pied, 795m
de la SORTIE #2

www.ydp.go.kr

Bâtiment de l'Assemblée nationale
국회의사당

Yeongdeungpo-gu, Euisadang-daero 1
서울 영등포구 의사당대로 1

Le bâtiment de l'Assemblée nationale se trouve à Yeouido et symbolise la démocratie et les droits de l'homme en Corée. Il comprend le bâtiment principal de l'Assemblée nationale, la bibliothèque de l'Assemblée nationale sur la droite et le hall de l'Assemblée nationale sur la gauche. Vous pouvez facilement le trouver depuis les sorties 1 et 6 de la National Assembly Building Station. La bibliothèque est bien organisée. Il n'y a pas beaucoup de places assises, mais il n'y a pas non plus beaucoup de monde.

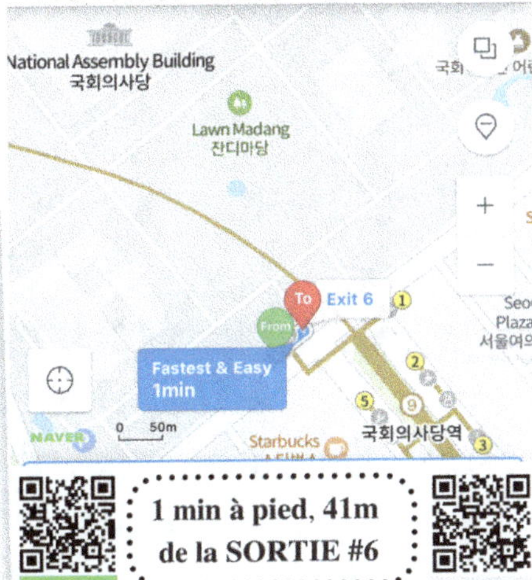

1 min à pied, 41m
de la SORTIE #6

korea.assembly.go.kr

Les visiteurs peuvent réserver une visite en envoyant un e-mail à visitor@assembly.go.kr au moins 3 jours avant la date prévue.

IFC Mall
IFC 몰

6 min à pied, 328m de la SORTIE #3

Parc Yeouido
여의도공원

11 min à pied, 354m de la SORTIE #3

Parc écologique Yeouido Saetgang
여의도 생태공원

Yeongdeungpo-gu Yeouido-dong 49
서울 영등포구 여의도동 49

Il s'agit du premier parc écologique construit en Corée. Ouvert à l'origine en 1997, il a été entièrement rénové entre 2008 et 2011. Il est ainsi devenu un immense parc avec six zones thématiques différentes. Il regorge d'espèces animales et végétales rares telles que les faucons crécerelles, les hérons et les vairons. Il est adjacent au parc Yeouido, mais son ambiance est différente - vous pouvez ressentir davantage la nature et vous êtes moins encombré.

6 min à pied, 647m de la SORTIE #4

OUVERT 24 HEURES SUR 24

www.ydp.go.kr

Tombeaux des six martyrs de Sayuksinmyo 사육신묘

14 min à pied, 697m de la SORTIE #2

Marché aux poissons de Noryangjin
노량진 수산시장

4 min à pied, 248m de la SORTIE #1

Cimetière national
국립 서울 현충원

1 min à pied, 62m de la SORTIE #4

Ce lieu a déjà été présenté dans les pages précédentes.

GOTO Mall (complexe commercial du terminal de métro de Gangnam)
고투몰

3 min à pied, 140m de la SORTIE #8-1

Sevit Seom (Ile flottante)
세빛섬

24 min à pied, 1.3km de la SORTIE #8-1

Central City
센트럴 시티

1 min à pied, 50m de la SORTIE #3

Ces lieux ont déjà été présentés dans les pages précédentes.

Temple Bongeunsa
봉은사

Gangnam-gu Bongeunsa-ro 531
서울 강남구 봉은사로 531

Ce temple vieux de 1 200 ans s'appelait à l'origine le temple Gyeonseongsa et a été construit en 794 sous le royaume de Silla (57 av. J.-C. - 935 ap. J.-C.). Après avoir survécu à la répression du bouddhisme par la dynastie Joseon, il devint le temple principal de la secte bouddhiste coréenne Seon 선 (Zen) de 1551 à 1936. C'est également un lieu touristique célèbre avec son "programme de vie au temple", qui permet aux visiteurs de vivre la vie d'un moine pendant quelques heures - tous les jeudis de 14h à 16h, le programme de vie au temple est proposé aux visiteurs étrangers. Il comprend une visite du temple, la fabrication de lanternes de lotus, le dado (cérémonie du thé) et la possibilité de parler avec un moine. Toutes les activités se déroulent en anglais. Avec les gratte-ciel et les bâtiments modernes qui l'entourent, ce temple paisible constitue le contraste le plus dramatique de Corée, si inspirant. Visitez la page d'accueil pour les dernières informations.

1 min à pied, 135m de la SORTIE #1

NAVER MAP

Google Maps

TOUS LES JOURS 5h00 - 22h00

www.bongeunsa.org

(929) BONGEUNSA 봉은사

COEX
코엑스

COEX signifie "Convention and Exhibition" et abrite le centre de congrès et d'exposition, le COEX Mall, trois hôtels de luxe, un terminal d'aéroport urbain où vous pouvez vous enregistrer et déposer vos bagages sans avoir à vous rendre à l'aéroport d'Incheon, un cinéma multiplex et l'aquarium COEX. Ce centre commercial est le plus grand centre commercial souterrain d'Asie et offre un immense choix de boutiques de mode, de style de vie, d'accessoires et d'électronique, ainsi qu'un grand choix de restaurants et de cafés. C'est un centre commercial immense et branché qui offre tout ce dont vous avez besoin pour vous divertir.

COEX Convention 10h00 - 18h00
Starfield COEX Mall 10h30 - 22h00

www.coex.co.kr

---

(933)=(815) SEOKCHON 석촌

Parc du lac Seokchon
석촌호수

5 min à pied, 458m de la SORTIE #8

Ce lieu a déjà été présenté dans les pages précédentes.

---

(935) HANSEONG BAEKJE 한성백제

Musée Baekje de Séoul (Hanseong)
한성백제박물관

Il s'agit d'un musée municipal établi sur un ancien site historique de Songpa-gu, afin de préserver l'histoire et les vestiges de Baekje, l'un des Trois Royaumes de l'ancienne Corée. C'est un endroit où vous pouvez étudier les reliques de Baekje dans le passé et l'histoire d'autres époques dans une salle d'exposition spéciale, y compris une expérience vidéo en 4D. Comme il est situé dans le parc olympique, vous pouvez profiter à la fois du parc et du musée. En particulier, si vous vous rendez au Hanseong Baekje Festival en automne, vous pouvez profiter de différentes expériences au musée.

7 min à pied, 438m de la SORTIE #2

TOUS LES JOURS 9h00 - 19h00
(Nov - Fév : Sam/Dim/Fête Nationale 9h00 - 18h00)
FERMÉ LE LUNDI

museum.seoul.go.kr

UNE EXPÉRIENCE ROYALE

Faites attention aux numéros de station : N'utilisez le numéro que pour déterminer votre position ! En effet, un numéro plus petit ou plus grand qu'un autre (par exemple 302 & 803) ne signifie pas forcément que vous êtes plus à l'ouest ou plus à l'est. Chaque ligne commence à un point différent et a un chemin différent. Ne supposez pas que vous devez voyager dans l'ordre croissant ou décroissant des numéros de station, et vérifiez sur la carte où se trouve chaque station avant de commencer un voyage.

(132)=(201) CITY HALL 시청

Palais de Deoksugung
덕수궁

Jung-gu Sejong-daero 99
서울 중구 세종대로99

environ 28 min

- Prenez le train en direction de JONGGAK 종각 à la ligne (132) CITY HALL 시청 Station.
- Faites 2 arrêts et descendez à la station (130)=(329) JONGNO 3-GA 종로3가.
- Prenez la ligne 3 en vous rendant sur le quai.
- Prenez le train en direction de ANGUK 안국.
- Faites 2 arrêts et descendez à la station (328) ANGUK 안국. SORTIE #3

(328) ANGUK 안국

Palais de Changdeokgung
창덕궁

Jongno-gu Yulgok-ro 99
서울 종로구 율곡로 99

Palais de Changgyeonggung
창경궁

Jongno-gu Changgyeonggung-ro 185
서울 종로구 창경궁로 185

environ 7 min

- Prenez le train en direction de GYEONGBOKGUNG 경복궁 à la station (328) ANGUK 안국.
- Traversez 1 station et descendez à la station (327) GYEONGBOKGUNG 경복궁. SORTIE #5

(327) GYEONGBOKGUNG 경복궁

Palais de Gyeongbokgung
경복궁

Jongno-gu Sajik-ro 161
서울 종로구 사직로 161

Cheongwadae
청와대

Jongno-gu Hyojaro13-gil 45
서울 종로구 효자로13길 45

UNE EXCURSION SPIRITUELLE

(131) JONGGAK 종각

Temple de Jogyesa
조계사

Jongno-gu Ujeongguk-ro 55
서울 종로구 우정국로 55

environ 16 min

- Prenez le train en direction de CITY HALL 시청 à la station (131) JONGGAK 종각.
- Traversez 1 station et descendez à la station (132)=(201) CITY HALL 시청. SORTIE #6

(132)=(201) CITY HALL 시청

Autel de Hwangudan
환구단

Jung-gu Sogong-ro 106
서울 중구 소공로 106

environ 18 min

- Prenez le train en direction de SEOUL STATION 서울역 à la station (132)=(201) CITY HALL 시청.
- Traversez 1 station et descendez à la station (133)=(426) SEOUL STATION 서울역.
- Prenez la ligne 4 en vous dirigeant vers le quai.
- Prenez la station HOEHYEON 회현.
- Traversez 2 stations et descendez à la station (424) MYEONGDONG 명동. SORTIE #10

(424) MYEONGDONG 명동

**Cathédrale catholique de
Myeongdong 명동 성당**

Jung-gu, Myeongdong-gil 74
서울 중구 명동길 74

environ 45 min

- Prenez le train en direction de HOEHYEON 회현 à la station (424) MYEONGDONG 명동.
- Traversez 7 stations et descendez à la station (431)=(920) DONGJAK (SEOUL NATIONAL CEMETRY) 동작(현충원).
- Prenez la ligne 9 en vous rendant sur le quai.
- Prenez le train en direction de GUBANPO 구반포.
- Traversez 4 stations et descendez à la station (929) BONGEUNSA 봉은사. SORTIE #1

(929) BONGEUNSA 봉은사

Temple Bongeunsa
봉은사

Gangnam-gu Bongeunsa-ro 531
서울 강남구 봉은사로 531

ENVIE DE FAIRE DU SHOPPING

(126)=(211-4) SINSEOLDONG 신설동

Marché aux puces populaire de Séoul 서울풍물시장

Dongdaemun-gu Cheonho-daero 4-gil 21
서울 동대문구 천호대로 4길 21

environ 24 min

- Prenez le train en direction de DONGMYO 동묘앞 à la station (126)=(211-4) SINSEOLDONG 신설동.
- Traversez 2 stations et descendez à la station (128)=(421) DONGDAEMUN 동대문. SORTIE #8

(128)=(421) DONGDAEMUN 동대문

Dongdaemun Fashion Town 동대문 패션타운

Jung-gu, Jangchungdan-ro 263
서울 중구 장충단로 263

environ 16 min

- Prenez la ligne 4 en vous dirigeant vers le quai.
- Prenez le train en direction de DONGDAEMUN HISTORY & CULTURE PARK 동대문 역사 문화 공원.
- Traversez 3 stations et descendez à la station (424) MYEONGDONG. SORTIE #5

(424) MYEONGDONG 명동

Myeongdong 명동

Jung-gu, Myeongdong 2-ga
서울 중구 명동2가

environ 5 min

- Prenez le train en direction de OIDO 오이도 à la station (424) MYEONGDONG 명동.
- Traversez 1 station plus loin et descendez à la station (425) HOEHYEON 회현. SORTIE #5

(425) HOEHYEON 회현

Marché de Namdaemun 남대문 시장

Jung-gu, Namdaemunshijang 4-gil 21
서울 중구 남대문시장4길 21

(238)=(622) HAPJEONG 합정

Sanctuaire des martyrs de Jeoldusan 절두산 성지

Mapo-gu, Tojeong-ro 6
서울 마포구 토정로 6

Cimetière Yanghwajin pour les missionnaires étrangers 양화진외국인선교사묘원

Mapo-gu Yanghwajin-gil 46
마포구 양화진길 46

environ 28 min

- Prenez le train en direction de DANGSAN 당산 à la station (238)=(622) HAPJEONG 합정.
- Traversez 1 station et descendez à la station (237)=(913) DANGSAN 당산.
- Prenez la ligne 9 en vous dirigeant vers le quai.
- Prenez le train à l'arrêt (913)=(237) en direction de NATIONAL ASSEMBLY 국회의사당.
- Traversez 4 stations et descendez à la station (917)=(136) NORYANGJIN 노량진. SORTIE #2

(917)=(136) NORYANGJIN 노량진

Tombeaux des six martyrs de Sayuksinmyo 사육신묘

Dongjak-gu Noryangjin 1-dong
서울 동작구 노량진1동

environ 24 min

- Prenez le train en direction de NODEUL 노들 à la station (136)=(917) NORYANGJIN 노량진.
- Traversez 3 stations et descendez à la station (920)=(431) DONGJAK 동작. SORTIE #8

(920)=(431) DONGJAK 동작

Cimetière national
국립 서울 현충원

Dongjak-gu Hyeonchung-ro 210
서울 동작구 현충로 210

POUR SE SOUVENIR DU PASSÉ

(326) DONGNIMMUN 독립문

Prison de Seodaemun
서대문 형무소

Seodaemun-gu, Tongil-ro 251
서울 서대문구 통일로 251

Porte de Dongnimmun
독립문

Seodaemun-gu Hyeonjeo-dong 941
서울 서대문구 현저동 941

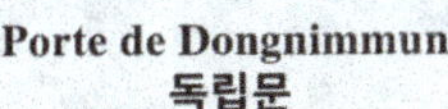

- Prenez le train en direction de GYEONGBOKGUNG 경복궁 à la station (326) DONGNIMMUN 독립문.
- Traversez 2 stations et descendez à la station (328) ANGUK 안국. SORTIE #4

(328) ANGUK 안국

Musée national d'art populaire de Corée 국립민속박물관

Jongno-gu, Samcheong-ro 37
서울 종로구 삼청로 37

- Prenez le train en direction de JONGNO 3(SAM)-GA 종로3가 à la station (328) ANGUK 안국.
- Traversez 3 stations et descendez à la station (331)=(423) CHUNGMURO 충무로.
- Prenez la ligne 4 en vous dirigeant vers le quai.
- Prenez le train en direction de MYEONGDONG 명동.
- Traversez 5 stations et descendez à la station (428)=(628) SAMGAKJI 삼각지. SORTIE #1

(428)=(628) SAMGAKJI 삼각지

Mémorial de guerre
전쟁기념관

Yongsan-gu, Itaewon-ro 29
서울 용산구 이태원로 29

- Prenez la ligne 6 en vous dirigeant vers le quai.
- Prenez le train en direction de NOKSAPYEONG 녹사평.
- Traverse 12 stations et descends à la station (640) KOREA UNIV. 고려대 Station. SORTIE #3

(640) KOREA UNIV. 고려대

Hall commémoratif du roi Sejong le Grand
세종대왕 기념관

Dongdaemun-gu Hoegi-ro 57
서울 동대문구 회기로 57

(421)=(128) DONGDAEMUN 동대문

Parc Heunginjimun
흥인지문 공원

Jongno-gu Jong-ro 6-ga 70
서울 종로구 종로6가 70

Cheonggyecheon
청계천

Jongno-gu Changsin-dong
서울 종로구 창신동

environ 22 min

- Prenez le train en direction de DONGDAEMUN HISTORY & CULTURE PARK 동대문역사문화공원 à la station (421)=(128) DONGDAEMUN 동대문.
- Traversez 2 stations et descendez à la station (423)=(331) CHUNGMURO 충무로. SORTIE #4

(423)=(331) CHUNGMURO 충무로

Village de Namsangol Hanok
남산골 한옥 마을

Jung-gu, Toegye-ro 34-gil 28
서울 중구 퇴계로34길 28

environ 8 min

- Prenez le train lié DONGGUK UNIV. 동대입구 à la station (423)=(331) CHUNGMURO 충무로.
- Prenez la ligne 3 en vous dirigeant vers le quai.
- Prenez le train en direction de OGEUM 오금.
- Traversez 5 stations et descendez à la station (336) APGUJEONG 압구정. SORTIE #6

(336) APGUJEONG 압구정

K-Star Road
케이스타 로드

Gangnam-gu, Apgujeong-ro 394
서울 강남구 압구정동 394

environ 36 min

- Prenez le train en direction de SINSA 신사 à la station (336) APGUJEONG 압구정.
- Traversez 4 stations et descendez à la station (340)=(223) SEOUL NAT'L UNIV. OF EDUCATION 교대(법원/검찰청) station.
- Prenez la ligne 2 en vous dirigeant vers le quai.
- Prenez le train en direction de GANGNAM STATION 강남역.
- Traverse 3 stations et descends à la station (220) SEOLLEUNG 선릉. SORTIE #10

(220) SEOLLEUNG 선릉

Tombeaux royaux de Seonjeongneung
서울 선릉과 정릉

Gangnam-gu Samseong-2-dong 100-gil 1
서울 강남구 삼성2동 선릉로100길 1

LA GRANDE BOUFFE !

(136)=(917) NORYANGJIN 노량진

Marché aux poissons de Noryangjin
노량진 수산 시장

Dongjak-gu Nodeul-ro 674
서울 동작구 노들로 674

environ 36 min

- Prenez le train en direction de YONGSAN 용산 à la station (136)=(917) NORYANGJIN 노량진.
- Traversez 7 stations et descendez à la station (129) JONGNO-5(O)-GA 종로5가. SORTIE #8

(129) JONGNO-5(O)-GA 종로5가

Marché de Gwangjang
광장시장

Jongno-gu Changgyeonggung-ro 88
서울 종로구 창경궁로 88

environ 18 min

- Prenez le train en direction de JONGNO-3(SAM)-GA 종로3가 à la station (129) JONGNO-5(O)-GA 종로5가.
- Traversez 1 station et descendez à la station (130)=(329)=(534) JONGNO-3(SAM)-GA 종로3가.
- Prenez la ligne 3 en vous rendant sur le quai.
- Prenez le train en direction de EULJIRO-3(SAM)-GA 을지로 3가.
- Traversez 7 stations et descendez à la station (332) DONGGUK UNIVERSITY 동대입구역. SORTIE #3

(332) DONGGUK UNIVERSITY 동대입구역

Ruelle Jokbal (pieds de porc cuits à la vapeur)
장충동 족발 골목

Jung-gu, Jangchungdan-ro 174
서울 중구 장충단로 174

environ 41 min

- Prenez le train en direction de YAKSU 약수 à la station (332) DONGGUK UNIVERSITY 동대입구역.
- Traversez 8 arrêts et descendez à (340)=(223) SEOUL NAT'L UNIV. OF EDUCATION 교대(법원/검찰청) station.
- Prenez la ligne 2 en vous dirigeant vers le quai.
- Prenez le train en direction de SEOCHO 서초.
- Traversez 7 stations et descendez à la station (230) SILLIM 신림. SORTIE #4

(230) SILLIM 신림

Sillim-dong Sundae Town
신림동 순대타운

Gwanak-gu, Sillim-ro 59-gil 14
서울 관악구 신림로 59길 14

environ 38 min

- Prenez le train en direction de SINDAEBANG 신대방 à la station (230) SILLIM 신림.
- Traversez 19 stations et descendez à la station (206)=(635) SINDANG 신당. SORTIE #8

(206)=(635) SINDANG 신당

Sindangdong Tteokbokki Town
신당동 떡볶이타운

Jung-gu Cheonggu-ro 77
서울 중구 청구로 77

LES TEMPS MODERNES

(536) DONGDAEMUN HISTORY & CULTURE PARK 동대문역사문화공원

Dongdaemun Digital Plaza (DDP)
동대문 디지털 플라자

Jung-gu, Eulji-ro 281
서울 중구 을지로 281

environ 38 min

- Prenez le train EULJIRO 4(SA)-GA 을지로 4가 au (536) DONGDAEMUN HISTORY & CULTURE PARK 동대문역사문화공원.
- Traversez 9 stations et descendez à la station (527) YEOUINARU 여의나루. SORTIE #4

(527) YEOUINARU 여의나루

63 Square
63 스퀘어

Yeongdeungpo-gu 63-ro 50
서울 영등포구 63로 50

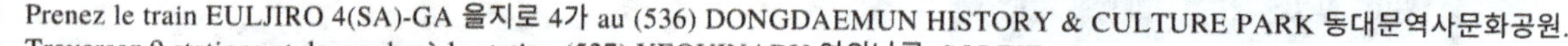

environ 5 min

- Prenez le train en direction de BANGHWA 방화 à la station (527) YEOUINARU 여의나루.
- Traversez 2 stations et descendez à la station (525)=(915) YEOUIDO 여의도. SORTIE #3

(525)=(915) YEOUIDO 여의도

IFC Mall
IFC 몰

Yeongdeungpo-gu Gukjegeumyung-ro 10
서울 영등포구 국제금융로 10

environ 5 min

- Prenez la ligne 9 en vous dirigeant vers le quai.
- Prenez le train en direction de SAETGANG 샛강.
- Traversez 3 stations et descendez à la station ((923)=(734)=(339) EXPRESS BUS TERMINAL 고속터미널. SORTIE #8-1

(923)=(734)=(339) EXPRESS BUS TERMINAL 고속터미널

Sevit Seom (Ile flottante))
세빛섬

Seocho-gu, Ollimpil-daero 2085-14
서울 서초구 올림픽대로 2085-14

🚻	🔒	#	ANG	COR	CHN	CORRESPOND ENCES	DISTANCE(km)	DISTANCE CUMULÉE (km)
		100	Soyosan	소요산	逍遙山		-	0
		101	Dongducheon	동두천	东豆川		2.5	2.5
		102	Bosan	보산	保山		1.6	4.1
		103	Dongducheon Jungang	동두천중앙	东豆川中央		1.4	5.5
		104	Jihaeng	지행	纸杏		1	6.5
		105	Deokjeong	덕정	德亭		5.6	12.1
		106	Deokgye	덕계	德溪		2.9	15
		107	Yangju	양주	杨州		5.3	20.3
		108	Nogyang	녹양	绿杨		1.6	21.9
		109	Ganeung	가능	佳陵		1.3	23.2
		110	Uijeongbu	의정부	议政府		1.2	24.4
		111	Hoeryong	회룡	回龙		1.6	26
●		112	Mangwolsa	망월사	望月寺		1.4	27.4
●		113	Dobongsan	도봉산	道峰山	7	2.3	29.7
●		114	Dobong	도봉	道峰		1.2	30.9
●		115	Banghak	방학	放鹤		1.3	32.2
●		116	Chang-dong	창동	仓洞	4	1.7	33.9
●		117	Nokcheon	녹천	鹿川		1	34.9
●		118	Wolgye	월계	月溪		1.4	36.3
		119	Kwangwoon Univ.	광운대	光云大学		1.1	37.4
●		120	Seokgye	석계	石溪	6	1.1	38.5
●		121	Sinimun	신이문	新里门		1.4	39.9
●		122	Hankuk Univ. of Foreign Studies	외대앞	韩国外国语大学		0.8	40.7
		123	Hoegi	회기	回基		0.8	41.5
●	●	124	Cheongnyangni (University of Seoul)	청량리 (서울시립대입구)	清凉里(首尔市立大学)		1.4	42.9
	●	125	Jegidong	제기동	祭基洞		1	43.9
●	●	126	Sinseoldong	신설동	新设洞	2	0.9	44.8
●	●	127	Dongmyo	동묘앞	东庙	6	0.7	45.5
●	●	128	Dongdaemun	동대문	东大门	4	0.6	46.1
	●	129	Jongno 5(o)-ga	종로5가	钟路五街		0.8	46.9
●	●	130	Jongno 3(sam)-ga	종로3가	钟路三街	3 5	0.9	47.8

		#	ANG	COR	CHN	CORRESPONDENCES	DISTANCE(km)	DISTANCE CUMULÉE (km)
	●	131	Jonggak	종각	钟阁		0.8	48.6
●	●	132	City Hall	시청	市厅	2	1	49.6
	●	133	Seoul Station	서울역	首尔(站)	4	1.1	50.7
●		134	Namyeong	남영	南营		1.7	52.4
●		135	Yongsan	용산	龙山		1.5	53.9
		136	Noryangjin	노량진	鹭梁津	9	2.6	56.5
●		137	Daebang	대방	大方		1.5	58
●		138	Singil	신길	新吉	5	0.8	58.8
		139	Yeongdeungpo	영등포	永登浦		1	59.8
●		140	Sindorim	신도림	新道林	2	1.5	61.3
●		141	Guro	구로	九老	1 *	1.1	62.4
●		142	Guil	구일	九一		1.4	63.8
		143	Gaebong	개봉	开峰		1	64.8
		144	Oryu-dong	오류동	梧柳洞		1.3	66.1
		145	Onsu	온수	温水	7	1.9	68
		146	Yeokgok	역곡	驿谷		1.3	69.3
		147	Sosa	소사	素砂		1.5	70.8
		148	Bucheon	부천	富川		1.1	71.9
		149	Jung-dong	중동	中洞		1.7	73.6
		150	Songnae	송내	松内		1	74.6
		151	Bugae	부개	富开		1.2	75.8
●		152	Bupyeong	부평	富平		1.5	77.3
		153	Baegun	백운	白云		1.7	79
		154	Dongam	동암	铜岩		1.5	80.5
●		155	Ganseok	간석	间石		1.2	81.7
●		156	Juan	주안	朱安		1.2	82.9
		157	Dohwa	도화	道禾		1	83.9
		158	Jemulpo	제물포	济物浦		1	84.9
		159	Dowon	도원	桃源		1.4	86.3
		160	Dongincheon	동인천	东仁川		1.2	87.5
		161	Incheon	인천	仁川		1.9	89.4

141 La gare de Guro se divise en une branche distincte (vers le sud) marquée d'un préfixe P. Suite à la page suivante.

		#	ANG	COR	CHN	CORRESPONDENCES	DISTANCE(km)	DISTANCE CUMULÉE (km)
		P142	Gasan Digital Complex	가산디지털단지	加山数码园区	7	2.4	64.8
		P143	Doksan	독산	禿山		2	66.8
		P144	Geumcheon-gu Office	금천구청	衿川区厅	1 *	1.2	68
		P144-1	Gwangmyeong	광명	光明	1 *, KTX	4.7	N/A
●		P145	Seoksu	석수	石水		2.3	70.3
●		P146	Gwanak	관악	冠岳		1.9	72.2
		P147	Anyang	안양	安养		2.4	74.6
●		P148	Myeonghak	명학	鸣鹤		2.2	76.8
●		P149	Geumjeong	금정	衿井	4	1.4	78.2
		P150	Gunpo	군포	军浦		2.2	80.4
		P151	Dangjeong	당정	堂井		1.6	82
		P152	Uiwang	의왕	义王		2.6	84.6
●		P153	Sungkyunkwan Univ.	성균관대	成均馆大学		2.9	87.5
●		P154	Hwaseo	화서	华西		2.6	90.1
●		P155	Suwon	수원	水原		2.1	92.2
		P156	Seryu	세류	细柳		2.9	95.1
		P157	Byeongjeom	병점	饼店	1 *	4.3	99.4
		P157-1	Seodongtan	서동탄	西东滩	1 *	2.2	N/A
		P158	Sema	세마	西东滩		2.4	101.8
		P159	Osan Univ.	오산대	洗马		2.7	104.5
		P160	Osan	오산	乌山大学		2.7	107.2
		P161	Jinwi	진위	乌山		4	111.2
		P162	Songtan	송탄	振威		3.8	115
		P163	Seojeongni	서정리	松炭		2.2	117.2
		P164	Pyeongtaekjije	평택지제	西井里		4.8	122
		P165	Pyeongtaek	평택	芝制		3.7	125.7
		P166	Seonghwan	성환	平泽		9.4	135.1
		P167	Jiksan	직산	成欢		5.4	140.5
		P168	Dujeong	두정	稷山		3.8	144.3
		P169	Cheonan	천안	斗井		3	147.3
		P170	Bongmyeong	봉명	天安		1.5	148.8
		P171	Ssangyong (Korea Nazarene Univ.)	쌍용(나사렛대)	凤鸣		1.5	150.3
		P172	Asan	아산	双龙(拿撒勒大学)		1.5	151.8
		P173	Tangjeong	탕정	牙山		1.8	153.6
		P174	Baebang	배방	排芳		3.1	156.7
		P176	Onyangoncheon	온양온천	温阳温泉		4.9	161.6
		P177	Sinchang (Soonchunhyang Univ.)	신창(순천향대)	新昌		5.1	166.7

P144 Geumcheon-gu Office est relié au P144-1 Gwangmyeong, qui est le seul arrêt de la succursale.

P157 Byeongjeom se connecte à P157-1 Seodongtan, le seul arrêt sur la sortie. La distance entre les deux est de 4,7 km.

♟	🔒	#	ANG	COR	CHN	CORRESPONDENCES	DISTANCE(km)	DISTANCE CUMULÉE (km)
●	●	201	City Hall	시청	市厅	1		
	●	202	Euljiro 1(il)-ga	을지로입구	乙支路入口		0.7	0.7
●	●	203	Euljiro 3(sam)-ga	을지로3가	乙支路三街	3	0.8	1.5
	●	204	Euljiro 4(sa)-ga	을지로4가	乙支路四街	5	0.6	2.1
●	●	205	Dongdaemun History & Culture Park	동대문역사문화공원	东大门历史文化公园	4 5	1	3.1
	●	206	Sindang	신당	新堂	6	0.9	4
	●	207	Sangwangsimni	상왕십리	上往十里		0.9	4.9
●	●	208	Wangsimni	왕십리	往十里	5	0.8	5.7
	●	209	Hanyang Univ.	한양대	汉阳大学		1	6.7
	●	210	Ttukseom	뚝섬	纛岛		1.1	7.8
	●	211	Seongsu	성수	圣水	2 -1*	0.8	8.6
●	●	212	Konkuk Univ.	건대입구	建国大学	7	1.2	9.8
	●	213	Guui(Gwangjin-gu Office)	구의(광진구청)	九宜		1.6	11.4
	●	214	Gangbyeon(Dongseoul Bus Terminal)	강변(동서울터미널)	江边(东首尔客运站)		0.9	12.3
	●	215	Jamsillaru	잠실나루	蚕室渡口		1.8	14.1
	●	216	Jamsil(Songpa-gu Office)	잠실(송파구청)	蚕室(松坡区厅)	8	1	15.1
	●	217	Jamsilsaenae	잠실새내	蚕室新川		1.2	16.3
●	●	218	Sports Complex	종합운동장	综合运动场	9	1.2	17.5
	●	219	Samseong(World Trade Center Seoul)	삼성(무역센터)	三成(会展中心)		1	18.5
	●	220	Seolleung	선릉	宣陵		1.3	19.8
	●	221	Yeoksam	역삼	驿三		1.2	21
●	●	222	Gangnam	강남	江南		0.8	21.8
	●	223	"Seoul Nat'l Univ. of Education (Court & Public Prosecutors' Office)"	교대(법원·검찰청)	首尔教育大学	3	1.2	23
	●	224	Seocho	서초	瑞草		0.7	23.7
	●	225	Bangbae(Baekseok Arts Univ.)	방배(백석예술대)	方背		1.7	25.4
	●	226	Sadang	사당	舍堂	4	1.6	27
	●	227	Nakseongdae	낙성대	落星垈		1.7	28.7
	●	228	Seoul Nat'l Univ.(Gwanak-gu Office)	서울대입구(관악구청)	首尔大学(冠岳区厅)		1	29.7
	●	229	Bongcheon	봉천	奉天		1	30.7
	●	230	Sillim	신림	新林		1.1	31.8
●	●	231	Sindaebang	신대방	新大方		1.8	33.6
●	●	232	Guro Digital Complex (Wonkwang Digital Univ.)	구로디지털단지(원광디지털대)	九老数码园区		1.1	34.7

		#	ANG	COR	CHN	CORRESPONDENCES	DISTANCE (km)	DISTANCE CUMULÉE (km)
●	●	233	Daerim(Guro-gu Office)	대림(구로구청)	大林	7	1.1	35.8
●	●	234	Sindorim	신도림	新道林	1 2-2*	1.8	37.6
	●	235	Mullae	문래	文来		1.2	38.8
●	●	236	Yeongdeungpo-gu Office	영등포구청	永登浦区厅	5	0.9	39.7
●	●	237	Dangsan	당산	堂山	9	1.1	40.8
	●	238	Hapjeong	합정	合井	6	2	42.8
	●	239	Hongik Univ.	홍대입구	弘益大学		1.1	43.9
	●	240	Sinchon	신촌	新村		1.3	45.2
	●	241	Ewha Womans Univ.	이대	梨花女子大学		0.8	46
	●	242	Ahyeon(Chugye Univ. for the Arts)	아현(추계예술대)	阿岘		0.9	46.9
	●	243	Chungjeongno(Kyonggi Univ.)	충정로(경기대입구)	忠正路	5	0.8	47.7

2-1 Seongsu Branch

		#	ANG	COR	CHN	CORRESPONDENCES	DISTANCE (km)	DISTANCE CUMULÉE (km)
	●	211-1	Yongdap	용답	龙踏		2.3	2.3
●	●	211-2	Sindap	신답	新踏		1.0	3.3
●	●	211-3	Yongdu(Dongdaemun-gu Office)	용두(동대문구청)	龙头(东大门区厅)		0.9	4.2
●	●	211-4	Sinseoldong	신설동	新设洞	1	1.2	5.4

2-2 Sinjeong Branch

		#	ANG	COR	CHN	CORRESPONDENCES	DISTANCE (km)	DISTANCE CUMULÉE (km)
	●	234-1	Dorimcheon	도림천	道林川		1.0	1.0
●	●	234-2	Yangcheon-gu Office	양천구청	阳川区厅		1.7	2.7
	●	234-3	Sinjeongnegeori	신정네거리	新亭十字路口		1.9	4.6
		234-4	Kkachisan	까치산	喜鹊山	5	1.4	6.0

		#	ANG	COR	CHN	CORRESPONDENCES	DISTANCE(km)	DISTANCE CUMULÉE (km)
		309	Daehwa	대화	大化			
		310	Juyeop	주엽	注叶		1.4	1.4
		311	Jeongbalsan	정발산	鼎鉢山		1.6	3
		312	Madu	마두	马头		0.9	3.9
		313	Baekseok	백석	白石		1.4	5.3
●		314	Daegok	대곡	大谷		2.5	7.8
		315	Hwajeong	화정	花井		2.1	9.9
		316	Wondang	원당	元堂		2.6	12.5
		317	Wonheung	원흥	元兴		2.9	15.4
		318	Samsong	삼송	三松		2.1	17.5
●	●	319	Jichuk	지축	紙杻		1.7	19.2
	●	320	Gupabal	구파발	旧把拨		1.5	20.7
●	●	321	Yeonsinnae	연신내	延新川	6	2	22.7
	●	322	Bulgwang	불광	佛光	6	1.3	24
	●	323	Nokbeon	녹번	碌磻		1.1	25.1
	●	324	Hongje (Seoul Culture Arts Univ.)	홍제	弘济		1.6	26.7
●	●	325	Muakjae	무악재	毋岳岭		0.9	27.6
●	●	326	Dongnimmun	독립문	独立门		1.1	28.7
●	●	327	Gyeongbokgung (Government Complex-Seoul)	경복궁 (정부서울청사)	景福宮		1.6	30.3
	●	328	Anguk	안국	安国		1.1	31.4
●	●	329	Jongno 3(sam)-ga	종로3가	钟路三街	1 5	1	32.4
●	●	330	Euljiro 3(sam)-ga (Shinhan Card)	을지로3가 (신한카드)	乙支路三街	2	0.6	33
●	●	331	Chungmuro	충무로	忠武路	4	0.7	33.7
●	●	332	Dongguk Univ.	동대입구	东国大学		0.9	34.6
●	●	333	Yaksu	약수	药水		0.7	35.3
●	●	334	Geumho	금호	金湖	6	0.8	36.1
	●	335	Oksu	옥수	玉水		0.8	36.9
	●	336	Apgujeong (Hyundai Department Store)	압구정(현대백화점)	狎鸥亭		2.1	39
	●	337	Sinsa	신사	新沙		1.5	40.5
●	●	338	Jamwon	잠원	蚕院	7 9	0.9	41.4
	●	339	Express Bus Terminal	고속터미널	高速巴士客运站		1.2	42.6

		#	ANG	COR	CHN	CORRESPONDENCES	DISTANCE (km)	DISTANCE CUMULÉE (km)
	●	340	Seoul Nat'l Univ. of Education (Court & Public Prosecutor's Office)	교대(법원·검찰청)	首尔教育大学	2	1.6	44.2
●	●	341	Nambu Bus Terminal (Seoul Arts Center)	남부터미널 (예술의전당)	南部客运站		0.9	45.1
●	●	342	Yangjae(Seocho-gu Office)	양재(서초구청)	良才		1.8	46.9
	●	343	Maebong	매봉	梅峰		1.2	48.1
	●	344	Dogok	도곡	道谷		0.8	48.9
●	●	345	Daechi	대치	大峙		0.8	49.7
	●	346	Hangnyeoul	학여울	鹤滩		0.8	50.5
●	●	347	Daecheong	대청	大厅		0.9	51.4
	●	348	Irwon	일원	逸院		1.2	52.6
●	●	349	Suseo	수서	水西		1.8	54.4
●	●	350	Garak Market	가락시장	可乐市场	8	1.4	55.8
●	●	351	Nat'l Police Hospital	경찰병원	警察医院		0.8	56.6
●	●	352	Ogeum	오금	梧琴	5	0.8	57.4

		#	ANG	COR	CHN	CORRESPONDENCES	DISTANCE (km)	DISTANCE CUMULÉE (km)
	●	409	Danggogae	당고개	堂岭			
●	●	410	Sanggye	상계	上溪		1.2	1.2
●	●	411	Nowon	노원	芦原	7	1	2.2
●	●	412	Chang-dong	창동	仓洞	1	1.4	3.6
●	●	413	Ssangmun	쌍문	双门		1.3	4.9
	●	414	Suyu (Gangbuk-gu Office)	수유(강북구청)	水逾		1.5	6.4
	●	415	Mia (Seoul Cyber University)	미아(서울사이버대학)	彌阿		1.4	7.8
	●	416	Miasageori	미아사거리	弥阿十字路口		1.5	9.3
	●	417	Gireum	길음	吉音		1.3	10.6
●	●	418	Sungshin Women's University (Donam)	성신여대입구(돈암)	诚信女子大学(敦岩)		1.4	12
	●	419	Hansung University (Samseongyo)	한성대입구(삼선교)	汉城大学(三仙桥)		1	13
	●	420	Hyehwa	혜화	惠化		0.9	13.9
●	●	421	Dongdaemun	동대문	东大门	1	1.5	15.4
●	●	422	Dongdaemun History & Culture Park	동대문역사문화공원 (DDP)	东大门历史文化公园	2 5	0.7	16.1
●	●	423	Chungmuro	충무로	忠武路	3	1.3	17.4
●	●	424	Myeong-dong	명동(정화예술대)	明洞		0.7	18.1
●	●	425	Hoehyeon (Namdaemun Market)	회현(남대문시장)	会贤(南大门市场)		0.7	18.8
	●	426	Seoul Station	서울역	首尔(站)	1	0.9	19.7
	●	427	Sookmyung Women's University (Garwol)	숙대입구(갈월)	淑明女子大学(葛月)		1	20.7
●	●	428	Samgakji	삼각지	三角地	6	1.2	21.9
	●	429	Sinyongsan (AMOREPACIFIC)	신용산(아모레퍼시픽)	新龙山		0.7	22.6
●	●	430	Ichon (National Museum of Korea)	이촌(국립중앙박물관)	二村		1.3	23.9
●	●	431	Dongjak (Seoul National Cemetery)	동작(현충원)	铜雀	9	2.7	26.6
●	●	432	Chongsin University (Isu)	총신대입구(이수)	总神大学(梨水)	7	1.8	28.4
●	●	433	Sadang	사당	舍堂	2	1.1	29.5
●	●	434	Namtaeryeong	남태령	南泰岭		1.6	31.1
		435	Seonbawi	선바위	立岩		2	33.1
		436	Seoul Racecourse Park	경마공원	竞马公园		1	34.1
		437	Seoul Grand Park	대공원 (서울랜드)	首尔大公园		0.9	35
●		438	Gwacheon	과천	果川		1	36
●		439	Government Complex Gwacheon	정부과천청사	政府果川厅舍		1	37
		440	Indeogwon	인덕원	仁德院		3	40
		441	Pyeongchon	평촌	坪村		1.6	41.6
		442	Beomgye	범계	凡溪		1.3	42.9

![]	![]	#	ANG	COR	CHN	CORRESPONDENCES	DISTANCE(km)	DISTANCE CUMULÉE (km)
●		443	Geumjeong	금정	衿井	1	2.6	45.5
		444	Sanbon	산본	山本		2.3	47.8
		445	Surisan	수리산	修理山		1.1	48.9
		446	Daeyami	대야미	大夜味		2.6	51.5
		447	Banwol	반월	半月		2	53.5
●		448	Sangnoksu	상록수	常绿树		3.7	57.2
●		449	Hanyang University at Ansan	한대앞	汉阳大学(安山)		1.5	58.7
●		450	Jungang	중앙	中央		1.6	60.3
●		451	Gojan	고잔	古栈		1.4	61.7
●		452	Choji	초지	草芝		1.5	63.2
		453	Ansan	안산	安山		1.8	65
		454	Singiloncheon	신길온천	新吉溫泉		2.2	67.2
		455	Jeongwang	정왕	正往		2.9	70.1
		456	Oido	오이도	烏耳島		1.4	71.5

		#	ANG	COR	CHN	CORRESPONDENCES	DISTANCE (km)	DISTANCE CUMULÉE (km)
	●	510	Banghwa	방화	傍花			
	●	511	Gaehwasan	개화산	开花山		0.9	0.9
	●	512	Gimpo Int'l Airport	김포공항	金浦机场	9	1.2	2.1
	●	513	Songjeong	송정	松亭		1.2	3.3
	●	514	Magok(Home & Shopping)	마곡(홈앤쇼핑)	麻谷		1.1	4.4
	●	515	Balsan	발산	钵山		1.2	5.6
	●	516	Ujangsan	우장산	雨裝山		1.1	6.7
	●	517	Hwagok	화곡	禾谷		1	7.7
	●	518	Kkachisan	까치산	喜鹊山	2	1.2	8.9
●	●	519	Sinjeong(Eunhaengjeong)	신정(은행정)	新亭		1.3	10.2
	●	520	Mok-dong	목동	木洞		0.8	11
		521	Omokgyo (Mokdong Stadium)	오목교(목동운동장앞)	梧木桥(木洞运动场)		0.9	11.9
●	●	522	Yangpyeong	양평	杨坪		1.1	13
	●	523	Yeongdeungpo-gu Office	영등포구청	永登浦区厅	2	0.8	13.8
	●	524	Yeongdeungpo Market (Hallym Univ. Hanggang Sacred Heart Hospital)	영등포시장 (한림대 한강성심병원)	永登浦市场		0.9	14.7
	●	525	Singil	신길	新吉	1	1.1	15.8
●	●	526	Yeouido	여의도	汝矣岛	9	1	16.8
	●	527	Yeouinaru	여의나루	汝矣渡口		1	17.8
	●	528	Mapo	마포	麻浦		1.8	19.6
		529	Gongdeok	공덕	孔德	6	0.8	20.4
	●	530	Aeogae	애오개	儿岭		1.1	21.5
	●	531	Chungjeongno(Kyonggi Univ.)	충정로(경기대입구)	忠正路	2	0.9	22.4
	●	532	Seodaemun(Kangbuk Samsung Hospital)	서대문(강북삼성병원)	西大门		0.7	23.1
	●	533	Gwanghwamun (Sejong Center for the Perfoming Arts)	광화문(세종문화회관)	光化门(世宗文化会馆)		1.1	24.2
●	●	534	Jongno 3(sam)-ga(Tapgol Park)	종로3가(탑골공원)	钟路三街	1 3	1.2	25.4
	●	535	Euljiro 4(sa)-ga	을지로4가	乙支路四街	2	1	26.4
	●	536	Dongdaemun History & Culture Park	동대문역사문화공원 (DDP)	东大门历史文化公园	2 4	0.9	27.3
	●	537	Cheonggu	청구	青丘	6	0.9	28.2
	●	538	Singeumho	신금호	新金湖		0.9	29.1
	●	539	Haengdang	행당	杏堂		0.8	29.9
●	●	540	Wangsimni(SeongDong-Gu Office)	왕십리(성동구청)	往十里	2	0.9	30.8

		#	ANG	COR	CHN	CORRESPONDENCES	DISTANCE(km)	DISTANCE CUMULÉE (km)
	●	541	Majang	마장	马场		0.7	31.5
	●	542	Dapsimni	답십리	踏十里		1	32.5
	●	543	Janghanpyeong	장한평	长汉坪		1.2	33.7
	●	544	Gunja(Neung-dong)	군자(능동)	君子(陵洞)	7	1.5	35.2
	●	545	Achasan (Rear Entrance to Seoul Children's Grand Park)	아차산 (어린이대공원후문)	峨嵯山		1	36.2
	●	546	Gangnaru (Presbyterian Univ. & College & Seminary)	광나루(장신대)	广渡口(长神大学)		1.5	37.7
	●	547	Cheonho (Pungnaptoseong)	천호(풍납토성)	千戶	8	2	39.7
	●	548	Gangdong	강동	江东	5 -1	0.8	40.5
	●	549	Gil-dong	길동	吉洞		0.9	41.4
	●	550	Gubeundari (Gangdong Community Center)	굽은다리(강동구민회관앞)	曲桥(江东区民会馆)		0.8	42.2
	●	551	Myeongil	명일	明逸		0.7	42.9
	●	552	Godeok(Kyung Hee Univ. Hospital at Gangdong)	고덕(강동경희대병원)	高德		1.2	44.1
	●	553	Sangil-dong	상일동	上一洞		1.1	45.2

5-1 Macheon Branch

		#	ANG	COR	CHN	CORRESPONDENCES	DISTANCE(km)	DISTANCE CUMULÉE (km)
	●	P549	Dunchon-dong	둔촌동	遁村洞		1.2	1.2
●	●	P550	Olympic Park (Korean National Sport Univ.)	올림픽공원(한국체대)	奥林匹克公园(韩国体育大学)	9	1.4	2.6
	●	P551	Bangi	방이	芳荑		0.9	3.5
●	●	P552	Ogeum	오금	梧琴	3	0.9	4.4
	●	P553	Gaerong	개롱	开笼		0.9	5.3
	●	P554	Geoyeo	거여	巨余		0.9	6.2
	●	P555	Macheon	마천	马川		0.9	7.1

		#	ANG	COR	CHN	CORRESPONDENCES	DISTANCE (km)	DISTANCE CUMULÉE (km)
	●	610	Eungam	응암	鷹岩			
	●	611	Yeokchon	역촌	驿村		1.1	1.1
	●	612	Bulgwang	불광	佛光	3	0.8	1.9
	●	613	Dokbawi	독바위	瓮岩		0.9	2.8
	●	614	Yeonsinnae	연신내	延新川	3	1.4	4.2
	●	615	Gusan	구산	龟山		0.9	5.1
	●	616	Saejeol(Sinsa)	새절(신사)	赛折(新寺)		0.9	6
	●	617	Jeungsan(Myongji Univ.)	증산(명지대앞)	缯山(明知大学)		0.9	6.9
●	●	618	Digital Media City	디지털미디어시티	数码媒体城		1.1	8
●	●	619	World Cup Stadium(Seongsan)	월드컵경기장(성산)	世界杯体育场		0.8	8.8
	●	620	Mapo-gu Office	마포구청	麻浦区厅		0.8	9.6
	●	621	Mangwon	망원	望远		1	10.6
	●	622	Hapjeong	합정	合井	2	0.8	11.4
	●	623	Sangsu	상수	上水		0.8	12.2
	●	622	Hapjeong	합정	合井	2	0.8	11.4
	●	623	Sangsu	상수	上水		0.8	12.2
	●	624	Gwangheungchang(Seogang)	광흥창(서강)	广兴仓		0.9	13.1
	●	625	Daeheung(Sogang Univ.)	대흥(서강대앞)	大兴(西江大学)		1	14.1
	●	626	Gongdeok	공덕	孔德	5	0.9	15
	●	627	Hyochang Park	효창공원앞	孝昌公园		0.9	15.9
	●	628	Samgakji	삼각지	三角地	4	1.2	17.1
	●	629	Noksapyeong(Yongsan-gu Office)	녹사평(용산구청앞)	緑莎坪		1.1	18.2
	●	630	Itaewon	이태원	梨泰院		0.8	19
●	●	631	Hangangjin	한강진	汉江镇		1	20
	●	632	Beotigogae	버티고개	波提岭		1	21
●	●	633	Yaksu	약수	药水	3	0.7	21.7
		634	Cheonggu	청구	靑丘	5	0.8	22.5
	●	635	Sindang	신당	新堂	2	0.7	23.2
	●	636	Dongmyo	동묘앞	东庙	1	0.6	23.8
●	●	637	Changsin	창신	昌信		0.9	24.7
	●	638	Bomun	보문	普门		0.8	25.5
●	●	639	Anam(Korea Univ. Hospital)	안암(고대병원앞)	安岩		0.9	26.4
●	●	640	Korea Univ.(Jongam)	고려대(종암)	高丽大学(钟岩)		0.8	27.2
	●	641	Wolgok(Dongduk Women's Univ.)	월곡(동덕여대)	月谷		1.4	28.6
	●	642	Sangwolgok(KIST)	상월곡 (한국과학기술연구원)	上月谷		0.8	29.4
	●	643	Dolgoji	돌곶이	石串		0.8	30.2

		#	ANG	COR	CHN	CORRESPONDENCES	DISTANCE(km)	DISTANCE CUMULÉE (km)
●	●	644	Seokgye	석계	石溪	1	1	31.2
		645	Taereung	태릉입구	泰陵	7	0.8	32
	●	646	Hwarangdae(Seoul Women's Univ.)	화랑대(서울여대입구)	花郎台 (首尔女子大学)		0.9	32.9
	●	647	Bonghwasan(Seoul Medical Center)	봉화산(서울의료원)	烽火山		0.7	33.6
		648	Sinnae	신내	新內		1.3	34.9

		#	ANG	COR	CHN	CORRESPONDENCES	DISTANCE (km)	DISTANCE CUMULÉE (km)
		709	Jangam	장암	长岩	1		
●	●	710	Dobongsan	도봉산	道峰山		1.4	1.4
	●	711	Suraksan	수락산	水落山		1.6	3
	●	712	Madeul	마들	马得		1.4	4.4
	●	713	Nowon	노원	芦原	4	1.2	5.6
	●	714	Junggye(Korean Bible Univ.)	중계(한국성서대)	中溪		1.1	6.7
	●	715	Hagye(Eulji Medical Center)	하계(을지대 을지병원)	下溪		1	7.7
	●	716	Gongneung (Seoul Nat'l Univ. of Science and Technology)	공릉(서울과학기술대)	孔陵		1.3	9
	●	717	Taereung	태릉입구	泰陵	6	0.8	9.8
	●	718	Meokgol	먹골	墨谷		0.9	10.7
	●	719	Junghwa	중화	中和		0.9	11.6
●	●	720	Sangbong(Intercity Bus Terminal)	상봉(시외버스터미널)	上凤 (市外巴士客运站)		1	12.6
	●	721	Myeonmok	면목	面牧		0.8	13.4
	●	722	Sagajeong(Green Hospital)	사가정(녹색병원)	四佳亭		0.9	14.3
	●	723	Yongmasan(Yongma Falls Park)	용마산(용마폭포공원)	四佳亭		0.8	15.1
	●	724	Junggok	중곡	中谷		0.9	16
		725	Gunja(Neung-dong)	군자(능동)	君子(陵洞)	5	1.1	17.1
	●	726	Children's Grand Park(Sejong Univ.)	어린이대공원(세종대)	儿童大公园 (世宗大学)		1.1	18.2
●	●	727	Konkuk University	건대입구	建国大学	2	0.8	19
●	●	728	Ttukseom Park	뚝섬유원지	纛岛游园地		1	20
	●	729	Cheongdam(Korea Gold Exchange)	청담(한국금거래소)	清潭		2	22
	●	730	Gangnam-gu Office	강남구청	江南区厅		1.1	23.1
	●	731	Hak-dong	학동	鹤洞		0.9	24
	●	732	Nonhyeon	논현	论岘		1	25
	●	733	Banpo	반포	盘浦		0.9	25.9
	●	734	Express Bus Terminal	고속터미널	高速巴士客运站	3 9	0.9	26.8
	●	735	Naebang	내방	內方		2.2	29
●	●	736	Isu(Chongsin University)	이수(총신대입구)	梨水	4	1	30
●	●	737	Namseong	남성	南城		1	31
	●	738	Soongsil Univ.(Salpijae)	숭실대입구(살피재)	崇实大学(赛毗陵)		2	33
	●	739	Sangdo	상도	上道		0.9	33.9
	●	740	Jangseungbaegi	장승배기	长丞拜基		0.9	34.8
	●	741	Sindaebangsamgeori	신대방삼거리	新大方丁字路口		1.2	36
	●	742	Boramae	보라매	波拉美		0.8	36.8

		#	ANG	COR	CHN	CORRESPONDENCES	DISTANCE(km)	DISTANCE CUMULÉE (km)
	●	743	Sinpung	신풍	新丰		0.9	37.7
●	●	744	Daerim(Guro-gu Office)	대림(구로구청)	大林	2	1.4	39.1
	●	745	Namguro	남구로	南九老		1.1	40.2
	●	746	Gasan Digital Complex(Mario Outlet)	가산디지털단지(마리오아울렛)	加山数码园区	1	0.8	41
	●	747	Cheolsan	철산	铁山		1.4	42.4
	●	748	Gwangmyeongsageori	광명사거리	光明十字路口		1.3	43.7
	●	749	Cheonwang	천왕	天旺		1.7	45.4
	●	750	Onsu(Sungkonghoe Univ.)	온수(성공회대입구)	温水(圣公会大学)		1.5	46.9
		751	Kkachiul	까치울	喜鹊屋		2.2	49.1
●		752	Bucheon Stadium	부천종합운동장	富川綜合運動場		1.2	50.3
		753	Chunui	춘의	春衣		0.9	51.2
		754	Sinjung-dong	신중동	新中洞		1	52.2
		755	Bucheon City Hall	부천시청	富川市厅		1.1	53.3
		756	Sang-dong	상동	上洞		0.9	54.2
		757	Samsan Gymnasium	삼산체육관	三山体育馆		1.1	55.3
		758	Gulpocheon	굴포천	掘浦川		0.9	56.2
●		759	Bupyeong-gu Office	부평구청	富平区厅		0.9	57.1
		760	Sangok	산곡	儿童大公园(世宗大学)		1.6	58.7
●		761	Seoknam(Geobuk Market)	석남(거북시장)	建国大学		2.3	61

		#	ANG	COR	CHN	CORRESPONDENCES	DISTANCE(km)	DISTANCE CUMULÉE (km)
	●	810	Amsa	암사	岩寺			
		811	Cheonho(Pungnaptoseong)	천호(풍납토성)	千户(风纳土城)	5	1.3	1.3
	●	812	Gangdong-gu Office	강동구청	江东区厅		0.9	2.2
	●	813	Mongchontoseong(World Peace Gate)	몽촌토성(평화의문)	梦村土城(平和之门)		1.6	3.8
	●	814	Jamsil(Songpa-gu Office)	잠실(송파구청)	蚕室(松坡区厅)	2	0.8	4.6
●	●	815	Seokchon(Hansol Hospital)	석촌(한술병원)	石村	9	1.2	5.8
	●	816	Songpa	송파	松坡		0.9	6.7
●	●	817	Garak Market	가락시장	可乐市场	3	0.8	7.5
	●	818	Munjeong	문정	文井		0.9	8.4
	●	819	Jangji	장지	长旨		0.9	9.3
	●	820	Bokjeong	복정	福井		0.9	10.2
	●	821	Namwirye	남위례	南慰礼		1.6	11.8
	●	822	Sanseong	산성	山城		1.1	12.9
	●	823	Namhansanseong(Seongnam Court & Prosecutor's Office)	남한산성입구 (성남법원·검찰청)	南汉山城 (城南法院·检察厅)		1.3	14.2
	●	824	Dandaeogeori(Shingu College)	단대오거리 (신구대학교)	丹垈五岔路口		0.8	15.0
	●	825	Sinheung	신흥	新兴		0.8	15.8
	●	826	Sujin	수진	寿进		0.9	16.7
	●	827	Moran	모란	牡丹		1.0	17.7

		#	ANG	COR	CHN	CORRESPONDENCES	DISTANCE(km)	DISTANCE CUMULÉE (km)
	●	901	Gaehwa	개화	开花			
●	●	902	Gimpo Int'l Airport	김포공항	金浦机场	5	3.6	3.6
		903	Airport Market	공항시장	机场市场		0.8	4.4
	●	904	Sinbanghwa	신방화	新傍花		0.8	5.2
		905	Magongnaru	마곡나루(서울식물원)	麻谷渡口		0.9	6.1
	●	906	Yangcheon Hyanggyo	양천향교	阳川乡校		1.4	7.5
	●	907	Gayang	가양	加阳		1.3	8.8
	●	908	Jeungmi	증미	曾米		0.7	9.5
	●	909	Deungchon	등촌	登村		1.0	10.5
	●	910	Yeomchang	염창	盐仓		0.9	11.4
	●	911	Sinmokdong	신목동	新木洞		0.9	12.3
	●	912	Seonyudo	선유도	仙游岛		1.2	13.5
●	●	913	Dangsan	당산	堂山	2	1.0	14.5
●	●	914	National Assembly	국회의사당 (KDB산업은행)	国会议事堂		1.5	16.0
●	●	915	Yeouido	여의도	汝矣島	5	0.9	16.9
	●	916	Saetgang	샛강(KB금융타운)	赛江		0.8	17.7
●	●	917	Noryangjin	노량진	鹭梁津	1	1.2	18.9
	●	918	Nodeul	노들	鹭得		1.1	20.0
	●	919	Heukseok (Chung-Ang Univ.)	흑석(중앙대입구)	黑石(中央大学)		1.1	21.1
●	●	920	Dongjak (Seoul National Cemetery)	동작(현충원)	铜雀(显忠院)	4	1.4	22.5
	●	921	Gubanpo	구반포	旧盘浦		1.0	23.5
	●	922	Sinbanpo	신반포	新盘浦		0.7	24.2
●	●	923	Express Bus Terminal	고속터미널	高速巴士客运站	3 7	0.8	25.0
		924	Sapyeong	사평	砂平		1.1	26.1
	●	925	Sinnonhyeon (Le Meridien Hotel)	신논현(르메르디앙호텔)	新论岘		0.9	27.0
	●	926	Eonju (CHA Gangnam Medical Center)	언주(강남차병원)	彦州		0.8	27.8
	●	927	Seonjeongneung	선정릉	宣靖陵		0.9	28.7
	●	928	Samseongjungang	삼성중앙	三成中央		0.8	29.5
	●	929	Bongeunsa	봉은사	奉恩寺		0.8	30.3
●	●	930	Sports Complex	종합운동장	综合运动场	2	1.4	31.7
		931	Samjeon	삼전	三田		1.4	33.1
		932	Seokchon Gobun	석촌고분	石村古坟		0.8	33.9
●		933	Seokchon	석촌	石村	8	1.0	34.9
		934	Songpanaru	송파나루	松坡渡口		0.8	35.7
		935	Hanseong Baekje	한성백제	汉城百济		0.8	36.5
●		936	Olympic Park	올림픽공원(한국체대)	奥林匹克公园	5	1.4	37.9
		937	Dunchon Oryun	둔촌오륜	遁村五轮		1.0	38.9
		938	VHS Medical Center	중앙보훈병원	中央报勋医院		1.7	40.6

RÉFÉRENCES & REMERCIEMENTS